大展好書　好書大展
品嘗好書　冠群可期

大展好書　好書大展

品嘗好書·　冠群可期

運動精進叢書 24

網球入門

王捷　編著

大展出版社有限公司

前　言

　　在閱讀本書之前，你一定聽朋友說過網球運動是如何的高雅，又是如何難打之類的話，你的內心充滿興奮和疑慮：我能不能學打網球？我能學會嗎？我行嗎？……

　　其實這些擔心完全沒有必要，因爲網球是一項終身的體育活動，任何一個人都可以學習打網球。本書就是爲網球初學者編寫的。

　　如果你是一位初學者，想跨入網球運動這扇大門，那就放下疑慮，讓我們從網球運動的入門知識開始瞭解它，喜愛它，掌握它，進而享受它給我們帶來的快樂！

編者

3

　　有人說，網球是人類的高雅運動。

　　有人說，擁有健康，就擁有一切。

　　也有人說，網球是綠色的「雅片」，總會讓你有益而無害地上癮。

　　而我，還能說什麼呢？只會說：「請您吃飯，不如請您流汗」。

網球入門

編者的話

4

　　每一位學打網球的人，不管你們今後水平如何，都要從學拿網球拍開始。在一開始學習網球的過程中，你可能會遇到坎坷或取得一些成就，你將會為之興奮、苦惱、快樂……這就是我們學習網球過程中註定要走的路——網球入門之路。

王捷　副教授
E-mail：wj2152@sohu.com

目　錄

8

1　入門須知

語言與行為
場地與設備
感覺與要領
觀賞與注意事項

網球快樂「三段論」：

　　第一階段，你開始學打網球，有點會又不太會時，特別能感到樂趣。

　　第二階段，你會到一定程度，不滿足時，你就開始痛苦了。

　　第三階段，你心境平和，決定享受網球時，你又找到了打球的快樂。

1.1 網球運動禮節

網球運動一直被認為是紳士運動,除了法定的規則之外,球場上的禮儀也是約定俗成的。無論是在球場比賽,還是平時打球娛樂,只要大家在一起,都很輕鬆、自如、融洽。球友之間相互尊重,文化氛圍健康向上。

1)語　言

☺ 見面問候說:您好！　How are you？

☺ 好久不見說:久違了。I haven't seen you for a long time.

☺ 求助解答說:請教您。Can you show me how to do……

☺ 表示禮讓說:您先請。You first.

☺ 讚賞見解說:高見。　Your opinion.

☺ 麻煩別人說:拜託。　Request sb.to do sth.

☺ 陪伴球友說:奉陪。　Company with.

☺ 表示答謝說:謝謝。　Thank you.

☺ 表示歉意說:對不起。Sorry.

☺ 請球友幫助說:請多關照。　　Please you easy on me.

☺ 接受感謝說:這是我應該做的。　My pleasure.

☺ 當對方打出一記好球說:好球。或者說:漂亮。
Good shot！

這些文明用語看似簡單,但在球場上用得自然得體的話,可營造一種謙虛、友好的氛圍。

2）行　為

☺作為一個網球人，不管你水準如何，你至少應該學會在場上撿球，以示你是個勤快的人，同時也是為你自身的安全著想。

☺參加練球的人多時，請按先後順序上場練球，對老年人、女性應謙讓，對同伴和對手應熱情而有禮貌。

☺練習用球雙方都要自備，球打出場主動去撿，以顯示你的姿態。

☺裝備要齊全，整潔大方。借用他人物品時要經別人同意。

☺大家在一起練球時，不可挑選對手，這樣會使技術差者感到難堪，一定要熱情地幫助初學者。

☺練球時，要注意安全。不要有意把球打到對方身上。如打到對方身上要表示歉意；除非在正式比賽時戰術需要，但也要向對方表示歉意。

☺注意公共衛生，不可隨地吐痰，不可有摔拍子行為。

☺雙打時不要搶打同伴區域的球，要信任同伴，球沒打好應表示歉意，互相鼓勵，切忌相互埋怨。

☺如參加比賽，要服從裁判，結束後和同伴握手致意，再共同和對手握手表示謝意。

☺要尊重和愛護網球場上的一切人與物。

☺如果球員行為粗魯，不懂得尊重他人、他物，那麼再高超的球技也不會帶給他完美的讚譽，這就是網球運動的高雅之處。

11

1.2 場　地

　　一般來說，我們常見的網球場都是雙打球場，單打球場通常包容在雙打場地內。

1）場地圖解

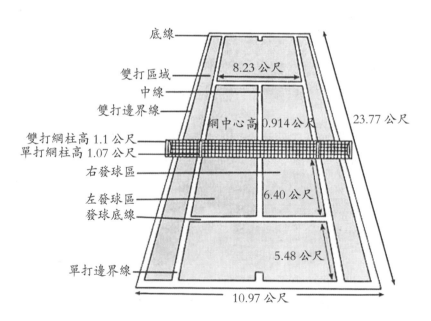

2）場地性能

網球場地分為硬地、沙地、草地、塗塑地面四種。

① 硬地球場

水泥或瀝青地面球場，球反彈高、速度快，屬快速球場。這種球場對上網型打法球員有利。

② 沙地球場

使用石灰、爐渣、黏土、細沙等經過特殊工藝製作的球場，球落地後反彈速度慢，屬慢速球場，適合於底線型打法的球員。

③ 草地球場

分天然草地和人造草地兩種。英國的溫布頓網球場就是天然草坪網球場，屬中速球場，適合於混合型打法的球員。

④ 塗塑球場

和硬地球場相近，平整，硬度高，色澤鮮豔，使用壽

13

命長，便於管理和維修。美國網球公開賽和澳洲網球公開
賽屬這種場地。

14

1.3　使用場地設備注意事項

1	不要穿皮鞋、牛筋鞋等硬底鞋入場，以免損傷場地面層。
2	不要穿黑底鞋、花底鞋等入場，以防止這些有色鞋底會留下難以處理的畫痕。
3	不要在地上摔拍，不要用球拍打地面上的球，否則，球拍會擦傷地面的面層。
4	不要帶有色飲料入場，防止濺灑在場地上，造成色素沉積，難以清理，有礙整潔、美觀。
5	在使用發球器、活動網球牆、拾球筐等輔助器材時，要做到挪動有序，穩拿輕放。
6	球場上的推水器、裁判椅、網球網等附屬設施，都要有專人管理，其他人不得任意挪動。
7	禁止吸菸，以免菸頭落地，灼傷場地面層。

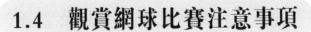

1.4　觀賞網球比賽注意事項

1	觀看比賽，應準時到場入座，比賽開始暫停入場，不允許任何人走動而影響比賽。
2	運動員一旦發現有觀眾走動影響比賽，有權停止比賽。只有在比賽中運動員交換場地間歇時，才准許觀眾入場或走動。
3	在比賽進行之中，全場應保持肅靜，不管場上出現多麼精彩的、激動人心的場面，只要這一分沒有結束，就得克制住自己的情緒，不可鼓掌和叫好，只有在該球成死球時，才能報以熱烈的掌聲。
4	切忌鼓倒掌，不要提前退場。

1.5　打網球必備的 7 種感覺

1	快樂的感覺
2	自信的感覺
3	享受的感覺
4	團隊的感覺
5	精力充沛的感覺
6	接受挑戰的感覺
7	放鬆和鎮定的感覺

1.6 打網球必備的 9 條要領

1）正確握拍

握拍方法有東方式、大陸式、西方式。不同握法可打出不同特點的球。不管你用何種握拍方法，都要做到握拍的手腕牢牢固定，與球拍幾乎成90°，這樣擊球時能將手臂乃至全身的力量由手腕傳遞到拍面上，向後引拍時，另一隻手臂向反方向揮動，以保持身體平衡。

在揮拍擊球前，另一隻手則要扶著拍頸，以減輕握拍手臂的負重，同時握拍的手可充分放鬆，在揮拍擊球時再握緊拍柄。

2）集中精力盯球

當對方打球時，眼睛要全神貫注地觀察對方擊球動作，預判球飛行的軌跡，一直盯球過網到自己的半場，隨後快速移動身體靠近來球，調整好擊球的姿勢，盯著來球並用球拍前揮擊打，隨後目光隨球而轉移到對方的場區。

3）側身迎接來球

擊球前的一瞬間，不能正面對著球網，而是先側身，以肩膀的一側對著球網，而身體的正面與球飛行的路線平行，這樣可擊出速度快、線路直、落點準的球。

4）引拍要早

在球向自己一方飛來時，一邊側身，一邊儘早地將手臂向後擺動，從而形成有推動力的弧線，使球拍與球輕鬆和諧地接觸，將球從下往上斜推打過網。如果你想讓球飛得更快，就應在球拍觸球時加力，使球產生加速度。

5）動、穩結合

雙腿要不停地保持運動狀態，以腿部的運動來尋找最佳的擊球位置，但在擊球的一瞬間要及時「剎車」，站穩腳步，這樣擊球才會準確而有力。

6）降低身體重心

身體儘量保持低位蹲式，重心低才能移動快，這對於打球尤其重要。保持低位，只是將兩腿微微岔開，雙膝彎曲，而上身要儘量保持垂直狀態，胸部略微向前，但不要彎腰，兩眼直視前方。

7）及時退到底線附近

應站在底線中點附近等待對方擊球，根據來球的路線調整擊球的站位，儘量把球打到對方的後半場，然後恢復原來的站位。當對方來球較淺時，可上前隨擊球或上網，然後退到底線，不可站在底線與發球線之間等球。

8）擊球點相對固定

擊球點的位置最好是在身體的斜前方，高低與髖部平

行,初學者擊球點宜低不宜高,球拍擊球的一剎那與球飛行的方向相對垂直。

9)隨揮動作

擊球後隨揮動作要做完。隨後迅速回到準備狀態,以能夠快速向前、後、左、右移動的姿勢準備接球。

每一位球手都有自己的特點及風格打法。對初學者而言,以上9條基本要領,有些基本的東西可供遵循,不是「絕對標準」。這裏僅是對初學者的提示,初學者一旦掌握了網球基本要領,那麼,這些要領就會被你盡情發揮,從而形成你自己的風格打法。

2 實踐步驟

服裝與裝備
網球拍
輔助物品
熱身運動
球感與步伐
網球牆練習

千萬牢記：

　　抱著享受網球的心情去打每一個球就是打網球的最高境界。

　　作爲一名業餘網球選手，要學會享受網球場上的一切。

2.1 運動前的準備

人要衣裝，佛要金裝。不會打網球不要緊，從開始行頭裝備就要配齊。重要的不僅僅是你球打得如何，至少你站在網球場上看上去要像模像樣，要很自信。

2.1.1 網球服

吸引大眾參與網球運動的原因之一就是那些大牌明星在網球場上身著的各具風情的網球服裝。它休閒、新潮、時尚。早期國際網聯對著裝有嚴格的規定，在正式網球比賽中，運動員必須穿顏色單一的運動服。男運動員穿有領的白T恤、白短褲、白球鞋、白襪；女運動員必須穿白上衣、白運動短褲或網球裙、白球鞋、白襪。衣服上圖案也有嚴格限制，不允許在衣服上印有大幅商業廣告。

如今，電視已把網球運動帶入了現代生活，網球運動更具商業化、生活化。大批生產廠商本著「以人為本」的

理念瞄準商機，開始研發製作式樣精美、頗具超前意識的網球服裝，來滿足職業選手和廣大網球愛好者的需求，贊助網球比賽及網球運動員。網球服裝不僅是網球場上的著裝，它也影響著運動服裝時裝

化的進程。法國著名的時裝品牌「鱷魚」就是由網球服裝發展起來的。與此同時，國際網聯放寬了對運動員服裝的限制，於是，各種色彩鮮豔極富個性的網球服裝便出現在運動場，使比賽更具有觀賞性、審美性。如今的網球服裝更傾向於自由、隨意、行動方便。

　　網球運動是老少皆宜的運動項目，選手之間沒有身體接觸，因而不需要穿戴特別的保護性服裝。服裝以舒適、美觀、大方為前提。目前市場上有許多不同品牌、不同式樣的網球服裝可供選擇，在經濟條件許可下，可考慮自己喜歡的名牌網球服裝和樣式，如耐吉、飛樂、王子、愛迪達、威爾遜等。網球服以純棉製品為主，業餘選手可準備兩三套服裝，一旦你打起球來，沒有比穿著濕衣服感覺更糟的了，而且對你的健康也不利。

21

　　剛剛學打網球的，可以暫時穿著自己日常所穿的運動衫去練球，等真正下場的時候再慎重考慮買合適的網球服，同樣可以去體育商場全……

2.1.2　網球鞋

　　走進網球專賣店，各類運動鞋看得眼花繚亂，像愛迪達、耐吉、彪馬、王子、瑞步、波力等世界名牌與眾不同，令人怦然心動。怎樣在琳琅滿目的

鞋架上挑選一雙適合於自己的網球鞋呢？理論上講，如果你經常參加網球活動的話，你應該針對不同的場地、不同的比賽而選擇不同的鞋，以緩衝運動對膝關節和腳踝的壓力。室內的場地要求鞋底較平；草地則需要鞋底粗糙一些；普通場地一般要有交叉紋路鞋底的鞋即可。

如果你財力有限的話，最好選一雙有交叉紋路、緩衝功能好的網球鞋，它可以較好地適合大多數場地。

理想的網球鞋具有：皮製的鞋面，加墊的後跟、鞋台和鞋圈，可移動並有腳弓的鞋墊，前腳可伸縮的空氣氣墊，聚胺酯鞋框，固膠膠底等。鞋的整體必須堅固穩定而又富有彈性，這樣才能保護你的足背、足踝和腳腱肌肉。

穿一雙名牌網球鞋，感覺真好，球鞋也會讓你出彩

2.1.3 網球拍

究竟以什麼標準挑選球拍呢？答案很簡單：沒有比自己的手臂更可靠了，球拍就是手臂的延伸。

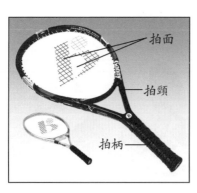

拍面

拍頸

拍柄

在選擇球拍時，首先要注意的是球拍的平衡感。有的球拍拍頭重，有的球拍拍柄重，最好自己揮幾下試試再做選擇。同時要注意拍柄握起來是否合適。

其次要注意的是拍面。拍面較大的球拍，其有效擊

23

球面積相對較大，保證了擊球時的穩定性，適合於初學者和中老年愛好者及底線防守型選手；而對於偏愛進攻的選手，應選擇中拍面球拍；小拍面球拍強度大，適合於攻擊型的專業選手。

　　再次就是價格了。對於初學者來說，價格不能代表一切。最好向專業人士諮詢，因為有些球拍適合一些人而不適合另一些人。不必買最新最好的球拍，除非那是贈送的。一般500～2500元為低檔球拍，2500～7500元為中檔，7500元以上屬高檔次球拍了。

2.1.4　網　球

說起打網球，有一樣東西是必不可少的——球。許多

打球的人,特別是新手,對球的要求不高,只是能打就行,其實這種想法並不好。便宜的球,毛是人造化纖的,成本很低,球特別硬,彈性不規則,不容易判斷球落地後的行進路線,而且打時震手,拍弦也容易斷,手臂容易受傷。建議採用那些好一點的如斯奈辛格、登祿普、威爾遜等品牌的球來練習,雖然貴了些,但很耐打,擊球感較好。

名牌網球大多封裝在真空的罐子裏,幾年不用也不容易減壓;質量差的網球氣壓和彈力不夠會讓你發揮不出應有的水準。當然,如果你只是與同伴練習或使用練球機時,宜選用一些標準練習球為佳。

球星比爾‧蒂爾登對自己的能力非常自信,常常在手裏拿4個球,每個球代表他發球局裏的1分,這樣他就用不著停下來去撿球了。

2.1.5 輔助物品

網球用具	◆ 裝備包 ◆ 運動服 ◆ 毛巾 ◆ 護具 ◆ 網線 ◆ 網球服 ◆ 網球鞋 ◆ 網球襪 ◆ 網球帽 ◆ 吸汗帶 ◆ 拍柄皮 ◆ 球拍套 ◆ 減震器 ◆ 備用拍 ◆ 備用球 ◆ 太陽鏡 ◆ 球夾 ◆ 筆和紙
飲食	◆ 茶水、飲料 ◆ 水果 ◆ 蛋白質 ◆ 乳製品 ◆ 巧克力 ◆ 碳水化合物食品
藥品	◆ 內服藥、外用藥 ◆ 防曬霜

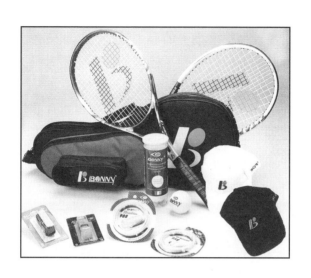

2.2 熱身活動

　　熱身不是練習，有些球員混淆了熱身和練習的概念。在網球運動中，有一些基本點是任何技術水準的球員都應遵守和注意的。

　　對於初打網球的人來說，打球前最容易忽視的一件事就是熱身。有些人興沖沖地趕到網球場，認為打上幾個來回球，全身就會熱起來，這就是熱身。

　　其實這種方法是不可取的，熱身活動可以幫助你逐步加快心率，促進血液循環。在做伸展運動或打球之前，進行適當的熱身

活動非常重要，很多損傷的發生就是因為球員在肌肉還沒有充分活動開的時候，做了過度的伸展。輕者肌肉拉傷、扭傷；重者深度拉傷、扭傷、撕裂、斷裂。

　下面所列菜單與圖解，供你從中選擇適宜的熱身活動與伸展運動，它將會幫助你擺脫肌肉僵硬和拉傷，減少受傷的可能性。

1）熱身菜單

(1)動　態

■ 熱身慢跑

　① 開始熱身活動時動作要輕、放鬆。繞著發球線來回慢跑。

　② 由底線中點線向網兩端、網前跑動，然後後退跑，退回到底線。

　③ 在底線附近模仿可能在比賽中用到的小弧度跑動的擊球動作。

　④ 跳繩練習等。

　■ 熱身活動以體表出汗為度。充分的熱身活動需5～7分鐘。

(2)靜　態

■ 原地伸展

　① 伸展運動是對打網球保持柔韌性最好的方法。每組伸展練習要花8～12分鐘。每次伸展動作都要保持10秒鐘，每一遍重複2～3次。

②第二次時間要保持稍長一點，並且幅度更大一些。花15分鐘做伸展運動，也可在發球線擊球熱身。

■ **身體放鬆並興致盎然。**

2）圖　解

① **放下裝備**：輕裝上陣，要耐著性子，先熟悉一下場地環境，做一些熱身活動。

② **慢跑**：慢跑是熱身運動的第一選擇，圍繞網球場地跑幾圈，在最後兩圈加單腳跳和倒跑。

③ **移動練習**：在網球運動中，快速的移動和嫻熟的步伐是很重要的，可沿著底線側步跑動，一直到線的另一端，然後再回到中點線附近。

④ **跳繩練習**：場內如有跳繩，可做向前、向後掄繩，雙腳、單腳連跳或組合連跳動作。

⑤ **手腕與前臂伸展**：手臂部分的伸展運動非常重要，要儘量把手臂向外多伸展，並從手背處向下翻腕，這可以拉伸上臂上方的肌肉。然後，用另一隻手把手指向後扳，這時上臂下方便會有拉伸感。同時也要拉伸另一隻手臂，以便左右手臂均衡伸展。

⑥ **肩和前臂拉伸**：用另一隻手把胳膊拉到胸前，這時會有拉伸感穿過肩外側和背上部，保持10秒鐘，同時也要拉伸另一隻手臂，以便均衡伸展。

⑦ **肩側部拉伸**：將胳膊抬起緊靠頭部，用另一隻手輕輕地將它往後拉，這樣可以放鬆肩的較低部分。然後慢慢地向另一側傾斜，直至感到背部中間自然放鬆。拉伸時一定要用到腰部。

⑧ **後臂拉伸**：一隻手從肩部向後與另一隻手從腰下向上在背部相扣加力，保持10秒鐘，兩手交換。如相扣不到可用球拍代替。

⑨ **側壓腿練習**：下蹲，重心移到一側，大腿伸直，下壓，保持5秒鐘。

⑩ **小腿伸展壓伸**：扶住身前球網，一條腿向後伸，逐漸地把體重放到後腳腳後跟，直至感覺到已拉到小腿跟腱的後面，保持10～15秒。

29

⑦

⑧

⑨

⑩

⑪ **高壓腿**：一隻腳架在網柱上，兩手抱腳尖，持續10～15秒。

⑫ **膝關節拉伸**：背對著球網，雙手或單手扶住網，一隻腳向後抬起，膝關節彎曲，將抬起的腳放到球網上，身體重心向下拉伸，這時前面一條腿的上部應感覺到拉伸，保持10秒鐘。

總之，上場前做完以上這些準備活動，會使你身體更加柔韌，這時你揮起拍子來，可能感覺會不一樣，並且還會減輕你的緊張感。

2.3　球感練習

「球拍是手臂的延伸。」學習網球，首先要體會一下球拍觸球的感覺。球感通常是指網球由球拍的震動傳遞給肌肉的感覺。瞭解自己球拍的震動與控制擊球的力量，對學習網球的各種技術都有其重要的影響。

圖　解

① **自拋球**：一手持球先垂直向上拋起，眼睛盯住球，體會球拋起的高度和接球時機。掌握後可向不同方向拋球或轉身移動接球。

② **手拍球**：體會手觸球的感覺和地面彈起球的高度，拍球的高度最好在髖關節兩側，可移動手拍球。

①

②

③ **兩人拋接球**：培養你的手和眼睛的配合，與同伴相距2公尺左右，在相同的時間裏兩人各扔出一個球，要求拋球的人用下手扔球。也可以增加一些難度，在你接球前拍手或者轉一圈都可以。

③

31

④ **兩人快速反應**：鍛鍊快速反應能力，適應球速的變化，可採用兩人抓球練習。你的同伴持球在他的身體前，你的手要在同伴手的上方。這時你的同伴開始放球，爭取在球落地之前將球抓到。如果開始你感到很難，可以要求同伴將球舉得高一些。

⑤ **正反拍顛球**：顛球是一種很好的控制球的練習方法，拍面與地面平行不間斷地顛球，你應該能夠感覺到球落在甜心區上振動與落在其他部位振動的不同。可顛高一點體會不同高度對球拍的撞擊和感覺。

⑥ **拍球**：「球拍就是你手臂的延伸。」用球拍拍球，體會球彈起拍面觸球產生的振動傳到手上的感覺，擊球時手腕要控制住，要緊張，高度可在髖關節兩側，正反面都可體會擊球。你還可以隨意控制球拍擊打的頻率和向下高度。

33

⑦ **拍框顛球**：用拍框顛球是提高控制能力和準確性的一個練習。一開始你也許只能顛一下，這是正常現象。經過一段時間的練習之後，你就會有一定的提高，並且發現自己的控制力也在提高，手上的感覺也在發生變化。

⑧ **地撿球**：就是用球拍把球撿起。這種方法對提高擊球後的協調性很有幫助，要注意掌握擊球的部位和插球的時機，同時也要注意拍框觸地和地面破壞。

34

⑨ **腳撿球**：腳撿球也是一種撿球方法，同樣也是身體的一種協調，彎腰撿球是值得提倡的，但我們的精力和體力主要還是放在打球上。

2.4　步伐練習

「步伐是網球運動的靈魂。」打好網球的關鍵要素是保持身體平衡。只有身體保持了平衡，才能做出大面積跑

動或大幅揮拍動作，才能準確地擊到球。跑動不僅僅是要跑得快，停得住，還要求有一定的步伐節奏。

初學者在打網球時，要麼就是起動慢，距離來球較遠而擊不到球，要麼就是跑得離球太近，結果球落在自己的腳邊或彈起在自己的胸前，這些都難以完成擊球動作。

1）方 法

① 身體和心理上都要做好準備。

② 準確判斷對方會在什麼時候擊球。

③ 對方擊球時，應當以準備姿勢站好，切不可腳後跟著地。

④ 要做好「單腳起跳」或「開立站位」的準備姿勢。需要腳尖著力，並做好腿部迅速移動的準備。

⑤ 3公尺以內，單腳起跳步伐；3～3.5公尺，斜線跨步；3.5公尺以外，跑步。

⑥ 如果離球太近，可以控制滑步、跳步或碎步。

35

練習目的：

步伐練習，就是使你對每一種場合、每一個球用不同的步伐做出本能的反應。對於初學者來說，打球時根本沒有時間考慮步伐是否恰當、是否到位。隨著對步伐路線圖的熟悉和理解，以及在場上連續地操練，會給你帶來更真實的感覺。

2）步伐移動路線圖

步伐路線圖掌握了步伐要領以後，可以根據步伐路線圖，讓同伴或球友向不同的方向拋球供你打。

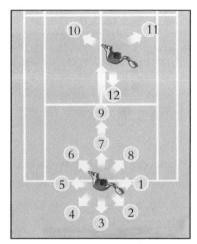

步伐移動路線圖

2.5 網球牆練習

可供打網球的比較平整的牆，我們統稱為「網球牆」。

網球牆可分為：普通牆和專業牆。平時我們常看到有人對牆打網球，多半是普通牆。至於專業牆，牆面處理有技術上要求，這裏不加贅言。

需要說明的是，網球牆不是擺設，也絕不是為沒有球伴而提供的，它對初學者或對有一定網球技術的球手來

說,作用是全方位的。從球感練習到基本技術的鞏固和提
高,都能證明網球牆是一種實用高效的練習場所,也是自
己偷著樂的好去處。

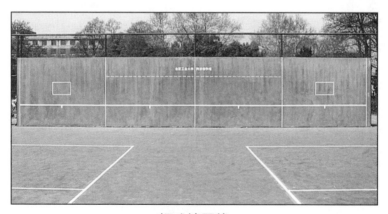

網球練習牆

面向普通大眾的網球設施,要考慮附帶有網球牆的設
施。如今,重視網球牆的人並不多,要想找一個能打球的
網球牆還真有點難。

圖 解

① **近距離打落地球**：以2公尺左右距離面對牆，用球拍擊打各種落地一次的球。儘量做到連續多次不失誤，同時培養眼、手、腳、球拍等對球的感覺。

② **近距離對牆磕球**：目的是練習正、反手截擊球技術。站在離牆3公尺遠的地方，儘量將球擊在牆上同一位置，不讓球落地。開始時，擊球的弧度大一點，速度慢一點，打出節奏後，再逐步加快速度，減少擊球弧度。

③ **較遠距離對牆正手擊球**：站在距離牆約9公尺的地方對牆擊落地球，由輕到重，讓自己逐步適應，逐步進入狀態。擊球時，要保持動作的穩定性、連續性，步伐移動要及時、迅速，動作要完成得舒展、到位。隨著正手技術的穩定和提高，打反手時要注意擊球點要低、要前，單手和雙手反手同樣可以運用。

④ **較遠距離對牆反手擊球：**這是兩個人之間的配合練習，並且是最接近雙打實戰的一種練習。它不但可以提高你對下一個球的判斷，可

以加強兩個人雙打的配合與默契，還可以增強對不同來球處理的綜合擊球能力。

⑤ **兩人左右對牆擊球：**這是兩個人之間相互輪流對牆擊球的練習方法，並且是最接近實戰的一種練習，打線路球。它不但可以加快你的步伐，提高你的判斷能力，還可以增強你對不同來球處理的綜合擊球能力。

⑥ **兩人前後輪流擊球：**在模擬球場區域內，反覆練習將球打入這個區域，學會在擊球時如何調節手腕來控制拍面擊球，這樣，在今後的實戰中擊球的準確性就能大大提高。

39

實踐表明：

　　越是離牆近的連續擊球，就越能提高擊球的控制性，可以達到較好的練習效果。當然難度也就越大；相反，距離越遠，擊球的難度反而會變小。

40

3 技戰平台

41

切記享受：

享受每一次打球前的那種激情。

享受每一次擊球的那種弦音。

3.1　基本概念

　　初學網球，首先要學會握拍。目前世界上流行的握拍方法有東方式、大陸式和西方式等。不同的握拍法可產生不同的擊球效果和打法。

　　實踐證明，不同的打法在世界上都獲得過較好的成績。因此，在學習握拍時，不同的握拍方法都要提倡，物為我用，使其相互促進，從而推動網球技術的提高和發展。

1）觀　點

　☑ 初學時，可使用最順手的方法。
　☑ 在技術提高的過程中逐步調整握拍法。
　☑ 各種方法都有利弊。

2）圖示說明

　☺ 右圖為網球拍握柄埠8條棱角線端。

　☺ 虎口「V」形對準1～4為右手正手握拍線；左手反拍握拍線。

　☺ 虎口「V」形對準5～8為左手正手握拍線；右手反拍握拍線。

　☺ 虎口「V」形對準8和1平行之間的中點線，為大陸式握拍法。

握拍線

42

3.1.1 握拍方法

1) 東方式握拍法

(1)東方式正手握拍法

東方式握拍方法分為：正手握拍法和反手握拍法。正手握拍時，拍面與地面垂直，大拇指與食指呈「V」字形，握在拍柄的中部靠右第1條線。由於恰好像握手的形狀，因此，也稱為握手式握拍法。反手握拍是在正手握拍時，左手握住拍頸，將右手向內轉動90°，「V」字形握在拍柄的中部靠左第8條線，食指底部關節壓住拍柄上平面。

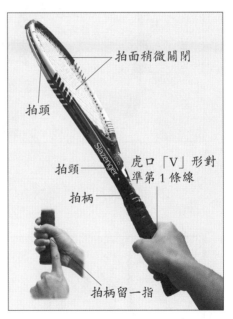

拍面稍微關閉

拍頭

拍頸

虎口「V」形對準第1條線

拍柄

拍柄留一指

■ 優 點

☑ 手掌與拍柄接觸面積大，容易發力。

☑ 揮拍範圍大。

■ 不足之處

☒ 反手擊球時，握拍的穩定性相對較差，需要變換握拍方法。

東方式由來：最先在美國東海岸一帶流行這種握拍法，因而取名為東方式。

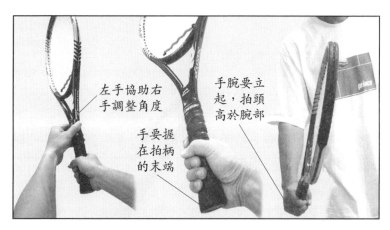

左手協助右手調整角度

手要握在拍柄的末端

手腕要立起，拍頭高於腕部

44

(2)東方式反手單手握拍法

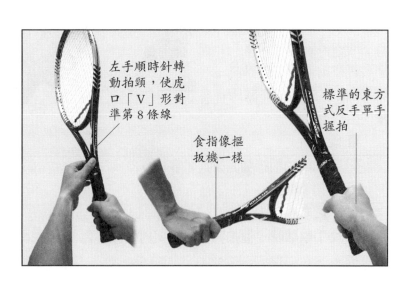

左手順時針轉動拍頸，使虎口「V」形對準第8條線

食指像摳扳機一樣

標準的東方式反手單手握拍

(3)東方式反手雙手握拍法

左手向右手靠緊，握緊拍柄

折肘向後拉拍

2）大陸式握拍法

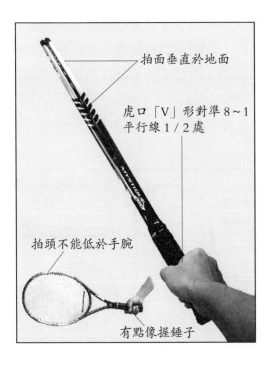

拍面垂直於地面

虎口「V」形對準 8～1
平行線 1／2 處

拍頭不能低於手腕

有點像握錘子

　　大陸式握拍法，也稱為英國式握拍法。除了球拍與地面垂直與東方式握拍法相似外，不同點在於正反手擊球都是一種握拍方法，不需要變換握拍方式。

　　大拇指與食指呈「V」字形，虎口對準8～1平行線1/2處，大拇指與食指互相接觸而不分開。由於其形狀像握著錘子的樣子，所以又稱之為握錘式握拍法。

■ 優　點
☑ 手腕的活動範圍大，球拍頂部也能用上力。

☑ 適合在發球、高壓球、截擊球、反手擊球時使用。

☑ 無論是反手還是正手都能以不變的握法進行擊球。

■ 不足之處
☒ 在打反彈球時，需要相當的腕力，力量不足的選手使用這種方法，很難打出好球。

> 大陸式由來：「產於」歐洲大陸，早期在英國草地網球賽中流行，因而得名。

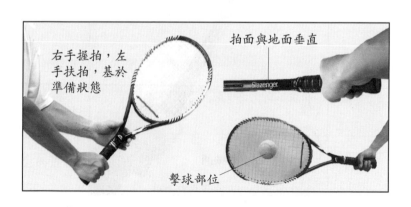

右手握拍，左手扶拍，基於準備狀態

拍面與地面垂直

Slazenger

擊球部位

3）西方式握拍法

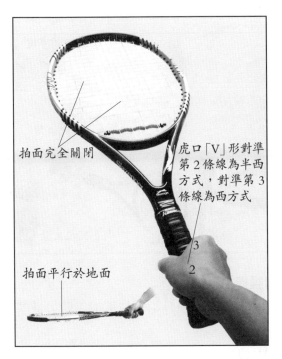

拍面完全關閉

虎口「V」形對準
第 2 條線為半西
方式，對準第 3
條線為西方式

3
2

拍面平行於地面

　　西方式正手握拍，是將球拍平放在地上，手掌從上面握
住拍柄，食指底部關節壓住拍柄的右下斜面。西方式反手握
拍是將正手握拍時的球拍面翻過來，用同一拍面擊球。

■ 優　點

☑ 打高球時，能有很大的威力。

☑ 有力、球旋轉度大。

■ 不足之處

☒ 對近網底球、低空截擊球、低球比較難處理。

☒ 打銳角球也比較困難。

西方式由來：過去曾在美國西部海岸加利福尼亞州一帶流行，因而得名。

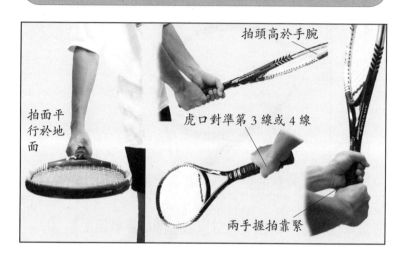

拍頭高於手腕

拍面平行於地面

虎口對準第 3 線或 4 線

兩手握拍靠緊

■ 錯誤握拍與糾正

① 握拍太靠前。一是拍子較重或手臂力量差；二是沒經過正規指點。

② 握拍沒有關閉。一是習慣；二是拍柄較粗。

③ 關閉手指不對。大拇指應放在中指與食指之間。

④ 手腕放鬆。初學者要注意手腕固定。

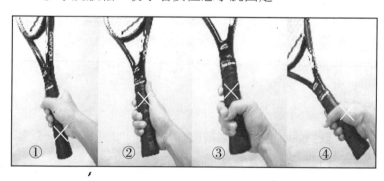

① ② ③ ④

⑤ 輔助手扶拍太前，幾乎到了拍面。兩隻手都要向後移動。

⑥ 拍頭下沉，手腕沒有立起。要區別於羽毛球動作。

⑦ 小臂緊張，像拿一根棍子。要注意擊球前的放鬆和拍子的調整。

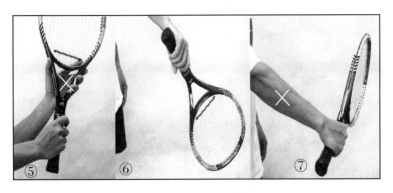

⑧ 雙手握拍分離太開。要兩拳緊靠在一起，像是焊接在一起，形成一個整體，以便同時發力。

⑨雙手握拍拍頭向下。初學者要養成拍頭向上的習慣，如擊球點低，要用身體重心向下來完成擊打動作，而不是從下面撈球。

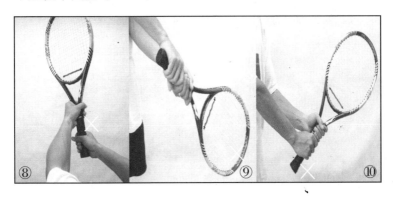

⑩ 雙手握拍太靠前。這是初學者常出現的錯誤，認為離拍面近好發力，其實這種方法放不開，防守範圍也小。

3.1.2 擊球點

擊球點分為凌空點和落地點。落地點又分為上升點和下落點。一般來說，初學者喜歡打下落點，而上升點對有一定球齡的選手來說有一定挑戰。凌空球往往用在高壓球和截擊球上。

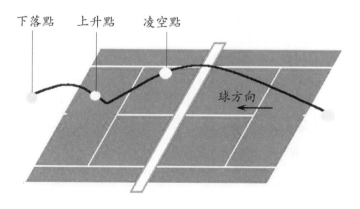

擊球點與握拍方法也有著密切的關係：用西方式握拍法握拍時，擊球點在身體稍靠前的位置上；用大陸式握拍法握拍時，身體應向後收，在稍後的位置上擊球。

●**擊球點的位置 = 移動距離 + 手臂伸展長度 + 拍的甜心區**

握拍與擊球點：
● 西方式握拍法的擊球點高，且靠身體前方。
● 大陸式握拍法的擊球點低，而靠身體稍後。
● 東方式握拍法擊球點在西方式與大陸式擊球點之間的位置上，也就是說大約在肚臍的高度擊球。

3.1.3 球與拍面

拍面角度不同，對球的飛行方向起到決定性作用。擊球時，球接觸拍弦的時間很短，約為1 / 3000秒，這樣，擊出去的球速度也就很快。所以每擊出一個回球時，都要控制好並保持拍面的相對垂直和穩定。

1）拍 面

① 開放的拍面將使球上升並向後旋轉。

② 關閉的拍面將使球下墜並向前旋轉。

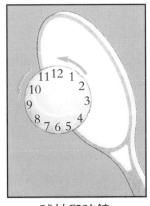

球拍與時鐘

③ 垂直的拍面擊出的球，自然飛行直至因地球引力而下落。

開放拍面

關閉拍面

垂直拍面

2）「時鐘」示例（以右手爲例）

① 正、反手平擊球應打在時鐘3點的位置，適用於大陸式握拍，前衝速度快，球不產生旋轉。

② 採用東方式握拍，正、反手應打在2點、10點的位置上，球穩定性高，適用於初學者，旋轉不強，適合打休閒球。

③ 西方式握拍正、反手通常打在1～2點、10～11點的位置，這時球落地後產生上旋，球前衝力大，適用於中級以上水平。

④ 正、反手下旋球通常打在4～5點、7～8點的位置上，球落地後產生下旋，反彈低，不向前衝。也適用於挑高球的擊球點。

⑤ 上手發球通常打在1～2點、10～11點的位置上，如要產生旋轉，可向側方向擊打；也適用於

高壓球，注意高壓球用力幅度要小。

　　⑥正、反手截擊球通常打在3～4點、8～9點的位置上，這種球球速快，落點刁。

　　⑦正、反手網前放小球，通常打在5～6點、6～7點的位置上，這時球落地後不產生前衝，往往球迅速下落。

53

3.1.4　球的旋轉

1）平擊球

　　幾乎不旋轉的球。由於沒有旋轉的影響，所以球的衝力大、速度快。

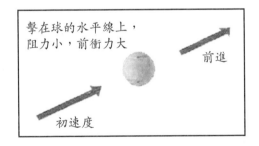

擊在球的水平線上，
阻力小，前衝力大

前進

初速度

2）上旋球

　　也稱抽球。球順時針旋轉，球落地後會突然高高地彈起。

3）下旋球

也稱削球。球逆時針旋轉，球落地後反彈不高。這種球空氣阻力大，滯空時間長，常被用於回擊上網擊球；在打削球或削搓球時，也能進行同樣的旋轉。

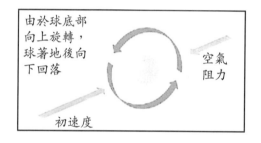

4）側旋球

主要在發削球時使用。顧名思義，球是作側向旋轉，如果是右旋轉的話，則球從右往左曲線前進。

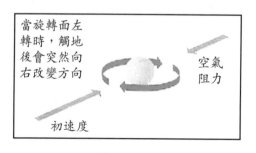

3.1.5 球的運行

當你初次在網球場上練習，能正確預測來球的飛行路線是很困難的。你要學會判斷來球將落在你的場地的哪一邊，不要看見球來就向它衝過去，相反地，你的位置應在球後一個適當距離的地方，既能有效擊球，又能調整好步伐。如果來球著地的話，它就有兩次飛行，否則，只有一次。

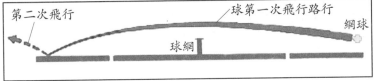

3.1.6 握拍用途

① 東方式握拍法：適合於打反彈球。

② 大陸式握拍法：適合於打截擊球和高壓球、發球、反手擊球。

③ 西方式握拍法：適合於正手的擊球。

3.1.7 判斷及要求

■ 判　斷

解　釋	「盯住球」，是要求預測球的飛行軌跡，把握擊球的時空契機。
誤　區	「盯住球」，從物理學的角度來看，其實是不可能的。因為當你看到球的那一瞬間，球已經飛離原來的位置了。有人評論說：「你無法盯住球，除非球擊中了你的眼睛。」

■ 要　求

●要掌握球的旋轉種類。
●球感告訴你球是否旋轉以及球從何處奔來。
●瞭解球的飛行軌跡與落地反彈軌跡之間的關係。

■ 移動、步伐、重心、平衡

移　動	跑得快，停得住。
步　伐	輕盈，有節奏。
重　心	身體前傾，重心下降，保持平衡。
平　衡	在準備、跑動、擊球的整個過程中，重心降低，保持身體平穩及有彈性，沒有握拍的手臂總是起到平衡的作用。

說明：
●移動是指你如何跑動以及如何在適當的位置上擊球。
●球拍的控制是指你支配球拍的能力。

3.2 無球技術

掌握了網球的基本概念，學會了網球的握拍方法，就可以開始進入無球技術狀態了。

3.2.1 準備姿勢

準備姿勢是網球最基本站位，它適合接發球和在「根據地」之間的擊球。準備姿勢要求身體放鬆，注意力集中，屈膝，前腳掌撐地，準備隨時起動，視對方的擊球要有快速反應。保持球拍在身體的中央，這樣可以快速去擊打任何一側的球。

這也是你學習網球的第一階段，在打網球全過程中，你將不斷地重新擺出這種姿勢。因而，找到一個舒服的準備姿勢是非常重要的。

根據地，是指左展撩後，击球線前近。

站立，站姿尤其重要性，準備得就越充分，就有機會不致緊張。

圖　解

雙腳開立，面向來球，注視對方擊球來判斷球速和方向。身體重心落在腳前掌，拍子放在體前中央，方便揮拍。

3.2.2 揮拍動作

揮拍動作不僅只是單純地揮動球拍,而是一個從準備姿勢開始到連續完整的揮拍動作。

從技術上分析,正確的握拍、擊球前的準備姿勢、步伐移動、擊球時的重心轉移、擊球點、身體的平衡、隨揮動作等構成了一個完整的揮拍動作。

圖　解

① **準備姿勢**:身體要放鬆,肩部和握拍要放鬆,過於用力就無法順利地進入揮拍動作。

② **後擺**：可選擇從上往下、弧線、從下往上後擺。後擺動作的進行要有充分的餘地，最好是在來球剛過網時進行。不只是握拍手後擺，同時還要轉體。

59

③ **前揮**：要盯住球，臂部要儘量地伸展揮拍。注意不要仰頭。

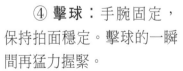

④ **擊球**：手腕固定，保持拍面穩定。擊球的一瞬間再猛力握緊。

⑤ **隨揮**：隨揮動作幅度要大，自然地停止用力。

⑥ **回到準備姿勢**：動作要流暢。隨揮後的手臂平緩地收回到身體的中心，做好再次擊球的準備，回到①位。

⑤

⑥

3.2.3 站位步伐

① 封閉式：右腳略向斜側，左腳與來球方向平行。

①

② **開放式**：後腳在身體後側，來球時馬上跟進。另一隻腳相應前移，以保持平衡。

②

③

③ **半開放式**：後腳比來球飛行方向平行位置稍靠後，腳步分開，減輕上肢的壓力。

3.2.4 移動與節奏

網球運動有句俗話：「手法是基礎，步法是關鍵。」移動是為了在正確的擊球點上擊球，只有移動到位，才能正確地把球擊出，為此，身體重心移動的時機必須合適。

1）移　動

(1)墊　步

面對球網，若來球距你稍近時，則用墊步移向來球，以調整身體與球的距離。

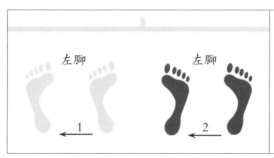

墊步時，若向左，先跨出左腳，帶動右腳向左移動；若向右，先跨出右腳，然後帶動左腳向右移動。

(2)交叉步

這在底線的正、反手擊球中經常運用。當球距你較遠時，可採用左、右交叉步的步伐向球接近。

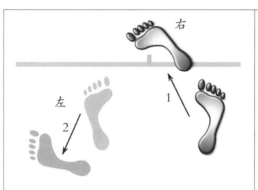

步子大，速度快，左、右腳依次交替，找到「合適的頻率」。當接近球時，步子要變得小而精確。適合向左、向右或向前快速跑步。

(3)跑　步

指當對方把球打、吊離你很遠時，後腳快速蹬地加速向球方向跑動，重心由高向低移動，接近來球。

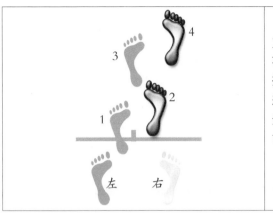

蹬地要有力，加速要快，在奔跑時要考慮採用擊球技術，這往往是得分與失分的一次機會。

63

2）節　奏

移動要在節奏中進行。

對方的擊球聲音、球打在地上的聲音以及自己的擊球聲音構成了節奏。打球時要注意來球並有節奏地運動，是保證你移動輕快的關鍵。你常能看到高手們打球時那種不慌不慢的感覺。他們就掌握了運動中的節奏。

■ 常見錯誤與糾正方法

（無球技術）

常見錯誤	糾正方法
☒ 握拍站立姿勢，膝關節僵直、腰部過分彎曲。	☑ 重申正確站位的基本姿勢，持拍時兩腳開立略寬於肩，兩膝微屈，腳跟稍抬起，上體微前傾，保持隨時可以起動的準備狀態。
☒ 起動的第一步沒有向來球方向移動。	☑ 養成注視來球，隨球方向迅速移動的習慣。
☒ 球拍後擺的動作不及時。	☑ 球飛行期間，及早判斷來球，靠轉動身體來配合後擺動作，不能只靠手臂後擺。
☒ 準備擊球前，身體沒有側向來球。	☑ 強調擊球前要上步，使身體側向來球，右手持拍者正手擊球，最後一步應左腳在前。反覆練習上步模仿擊球動作。
☒ 後擺動作過大也過高。	☑ 肘關節與身體應保持適當距離，上臂不要抬得過高。多做模仿動作。
☒ 手臂太挺直。	☑ 完成後擺動作時，前臂與上臂要保持在120°～140°為宜。
☒ 錯誤的步伐。	☑ 多做擊球前正確上步的練習。

3.3 有球技術

網球技術中，有球技術分為正手擊球、反手擊球、發球、接發球、截擊球、高壓球、放小球、挑高球等技術。

有球技術擊球技巧

① 眼睛不要離開球。
② 保持低重心，抬頭，平衡要好。
③ 控制好球拍的後引、前揮和擊球。
④ 腳步要快速移動去擊打球並且快速回位。
⑤ 要知道打高球和有角度的球時拍面和球的接觸點。

3.3.1　正手擊球

　　正手擊球是打底線落地球技術的一種，它是網球初學者最先學習的一項技術動作，主要分為傳統正手和現代正手。

65

傳統正手	運用關閉式步伐站位，採用東方式握拍的擊球方式。	適合於初學者。
現代正手	運用開放式步伐站位，採用西方式握拍的擊球方式。	適合於有一定基礎者。

1）特　點

　　① 東方式擊球重視穩定性，力量可大可小，但嚴禁使用手腕，提倡用自然的身體力量擊球，屬於比較基本的一類技術。
　　② 西方式擊球重視進攻性，主動發力較多，球的旋轉速度較快，屬於比較複雜的一類技術。
　　③ 無論是「開放式」步法，還是「關閉式」步法，必須在身體前面擊球。

2）站 位

如果你用右手擊球，左腳向前上一步。如果你是左手擊球，右腳向前上一步，這就是所說的前腳，也就是側身擊球的位置。如果你過多地使用開放式姿勢擊球，站位時前腳向後一些。

66

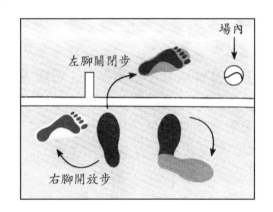

3）圖 解

① 準備姿勢站立，屈膝。當你移動準備擊球時，眼睛要盯住球，使用正手擊球的方法握好拍子。

② 後引拍時，身體重心要低，動作要迅速，用不持拍子手引導肩的轉動。

③ 拍子引到略超過肩膀的高度，當你擊打過來的球時，以使它構成一個自然的弧形。

67

④ 頭降低一些，然後將球向上擊打。轉肩，並在肩和膝之間的高度於體前擊球。

⑤ 從引拍到擊球點（你擊球的地方）要讓你的肩轉動。

⑥ 隨揮球拍到你的另一側肩，身體正對前方，向前帶動你的後腳，以保持身體平衡，這樣有利於你擊下一個球。

⑦ 當你擊完球後，迅速地回到底線的小「T」字形的位置上，準備擊下一個球。

4）說　明

① 開放式擊球有助於掩飾你擊球的方向。

② 開放式擊球動作要領是：前腳稍向前上步，但重心在後腳上；揮拍時，蹬地，重心前移，就好像要把身體的重量都加在球上。

③ 許多職業高手喜歡在身體側開較少的位置上擊球。

④ 這種姿勢對西方式或半西方式握拍選手來說，擊打反彈較高的球是有利的，但它不適合打較低的球。

5）練習指導

在擊正手落地球時，可在場地的任意位置上打深的直線或斜線球，偶爾放短球或打有角度的球。

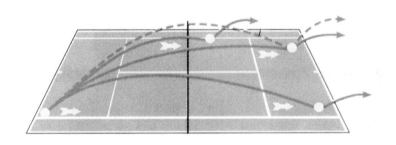

69

6）常見錯誤與糾正方法

正手擊球

常見錯誤	糾正方法
☒ 錯誤的步伐，妨礙重心移向擊球的方向。	☑ 多做擊球前正確上步的練習，擊球動作完成後，重心隨之移向擊球方向。
☒ 擊球不及時，或離身體太近，造成拍頭垂落，揮拍呈垂鉤狀。	☑ 對牆練習或多球練習來掌握合適的擊球點。特別強調球拍觸球時，要在前腳附近，距體側70～80公分處。
☒ 腕部力量不足，翻肘前揮過分轉動手腕。	☑ 擊球動作是靠手腕來固定，主要靠手臂與轉體的配合來完成。可由在底線打深度球糾正動作。

續表

常見錯誤	糾正方法
☒ 揮拍動作始終在球的上方，而沒有使拍子低於來球。	☑ 後擺過高造成的。擊球時應掌握適宜的高度，保持在腰與肩之間，並使球拍略低於來球。透過模仿動作和打自拋的落地球糾正動作。
☒ 抽擊時膝蓋過於挺直，而上體過於彎曲。	☑ 擊球點太靠前造成的。從練習正確的準備姿勢做起，使膝部略微彎曲，而上體稍前傾。可由對牆練習和打落地球來掌握正確的擊球點。

3.3.2 反手擊球

反手擊球分為單手反拍擊球和雙手反拍擊球。單手反拍擊球和雙手反拍擊球相比，單手反拍擊球對擊球點要求不是很高，易發揮人體的力量，能較容易地打出旋轉變化豐富的球。

而雙手反拍擊球技術現在越來越被廣泛採用，它的出現使反手擊球在網球比賽中由防禦性武器演變為進攻性武器，從而極大地增強了底線技術的反擊能力，使底線全攻型選手達到了一個新的高度。

單手反拍擊球	採用東方式單手反手握拍或大陸式單手反手握拍法擊球。適合於上網型選手，旋轉、多變、靈活。	適合於初學者或有一定基礎者。

續表

雙手 反拍 擊球	採用東方式雙手反拍握拍或西方式雙手反拍握拍法擊球。適合於底線型選手，隱蔽、有力，並且能更好地控制球拍和球。	適合於初學者或有一定基礎者。
反手 削球	採用大陸式握拍方法擊球，球拍在球的後方從高向低削切這個球，使球速減慢，並且比一般球反彈低、落點刁。	適合於初學者或有一定基礎者。

71

1）特　點

① 你可以打平擊球、上旋球或下旋球。

② 單手反拍擊球可以使球打得更深、更有角度。

③ 雙手反拍擊球比單手反拍擊球又增加了額外的力量，同時又增加了穩定性和殺傷性。

④ 單手反手削球穩定性高，落點準確，旋轉度大，極容易得分。

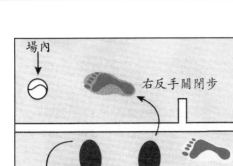

場內

右反手關閉步

右反手開放步

2）站 位

打反手時，如果你是用右手擊球，右腳向前上一步。如果你是用左手擊球，你的左腳就是前腳，就像正手擊球一樣，你也可以用開放式姿勢打反手球。

72

3）圖 解

(1)單手反拍擊球

① 用單手反手準備引拍時，用非持拍手握在拍的頸部轉動球拍，使握拍方式變為東方式反手握拍。

② 向左轉動右肩回撤球拍。持拍手伸直，不持拍手扶在球拍的頸部支撐球拍。

①

②

③ 前側的肩指向來球，前膝要屈膝，結束回撤。眼睛注視來球。

④ 身體重心前移，前揮，在體前擊球。

③

④

⑤ 手腕固定，在體側前擊球，隨後向右上方隨揮。

⑥ 將身體轉向正面，使隨揮動作結束在身體的右前上方。

⑤

⑥

73

(2)雙手反拍擊球

　① 可使用任何一種雙手握拍方法。持拍做好準備姿勢，觀察從對方球拍上離開的球，以便你盡可能快地適應對方的擊球。

　② 眼睛盯住球，轉肩，向後引拍，伸腕，使拍頭高過手腕，重心在後腳。

74

　③ 當球過來時，降低身體以便靠近來球，同時向前邁一步，屈膝，轉肩。

　④ 後腳用力蹬地，迅速轉肩，重心快速前移，同時伸直手臂，使擊球點在你的體前。

　⑤ 繼續轉肩揮拍通過擊球區，同時鎖住手腕來幫助控制球的飛行路線，保持頭部直立。

　⑥ 球拍隨揮到另一肩，前肘對準的方向就是你要擊球的方向。後腳向前移動以保持平衡，並迅速恢復到準備姿

勢。

■ 練習指導

根據球落地後的情況，球員可在場地的任何位置應用反手擊球。盡可能使球打得深一些，試圖讓對方在跑動中擊球，或讓他去接大角度的球。

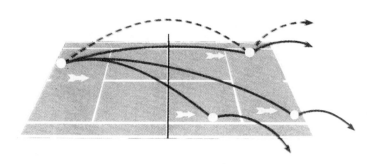

■ 常見錯誤與糾正方法

（反手擊球）

常見錯誤	糾正方法
☒ 反手擊球時，左肩沒有隨著球拍向擊球方向轉動。	☑ 反手擊球應靠身體轉動與揮拍共同完成動作，如果左肩沒有轉向擊球方向，說明只靠單純揮拍而缺乏身體轉動的配合。糾正時要練習以轉體帶動揮拍，多打落地球體會正確動作。
☒ 反手擊球時，肘部彎曲較大，導致球拍對著球向下擺動。	☑ 反手擊球肘部過於彎曲，勢必造成引拍過高，糾正時使前臂與上臂之間的夾角增大，這樣可以將拍頭降低些。可透過打自拋的落地球或打下降球予以糾正。
☒ 結束動作時，球拍在身體右側揮動的幅度不夠大。	☑ 多做反手擊球模仿練習，要求結束動作時，上體右轉，配合向右前上方揮拍，以增大隨球前送力量。
☒ 雙手反手擊球時，擊球點太靠近身體。	☑ 要注意在肘部伸展到最自由的地方擊球。可透過打自拋的落地球予以糾正。

(3)單手反手削球

① 用大陸式握拍方法，同時不持拍手扶在球拍的頸部支撐拍頭。

② 拍框的底邊在前，拍面稍打開些。

③ 擊球時，「吃」住球，球拍「吃」得越深，旋轉度越大。

④ 隨揮時，仍保持拍面是打開的。

⑤ 擊完球後，左腳自然向前，身體微立，觀看球的落點以及對方回擊球，準備再一次回球。

■ 練習指導

① 反手下旋球是一種先進的擊球方法，要想打出理想的下旋球，需要平常勤勉的練習。

② 將球拍向後拉至頭部高度，用球拍在後方從高向低削切這個球，並感覺拍弦好像吸住了球，擊出的球向下旋轉，使球剛好越過球網迅速下墜。

③ 打反手下旋球時，全神貫注於球上。

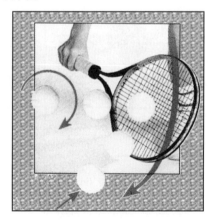

■常見錯誤與糾正方法

（反手擊球）

常見錯誤	糾正方法
☒ 準備不充分，常常打不到球。	☑ 決定打反手削球時，早做引拍準備，眼睛注視著來球，向前揮拍自然打開，拍面稍立起，在體側前擊球。多打落地球、餵球體會正確動作。
☒ 打到球後穩定性不夠，常常太高、太沖或飛出場外。	☑ 是前揮速度太快、太直，拍面太開造成的。解決的方法是要多做模擬練習，把揮拍速度降下來，拍面「吃」球的時間延長，把球「送」到指定的地方。
☒ 削球有時不過網，用不上力。	☑ 這是因為擊球時間晚、拍面關閉造成的。糾正時要注意揮拍時機、擊球點、拍面角度和「裹」球等方法，只有正確的模擬和實踐操練才會找到削球感覺。

79

3.3.3 發 球

在網球比賽中，發球是每一分的第一次擊球。由於它是惟一不受對方制約的一項技術，因而能最大限度地充分發揮出個人的技術特長，也是最常見的得分手段之一。但是，發球相對其他技術動作來說較為複雜，所以學習起來難度也較大，不過只要我們抓住其中的關鍵要素，就能掌握好這項技術。

下手發球	運用開放式步伐站位。採用東方式反手握拍、開放拍面,或半西方式握拍、關閉拍面的下手擊球方式。	適合於初學者或中老年選手。
上手發球	運用關閉式、開放式步伐站位。採用大陸式、東方式反手握拍的擊球方式。	適合於初學者或有一定基礎者。

1)特　點

① 兩種發球都不受對方制約,可充分發揮個人發球技巧。

② 下手發球容易學,穩定性高,落點準確;但殺傷性小。

③ 上手發球速度快,變化多,殺傷性大,是直接得分手段之一;但容易失誤、失分。

④ 發球者發球的目標是要直接得分。

⑤ 發球雙誤也是直接給對方一次得分機會。

2)站位、握球、拋球

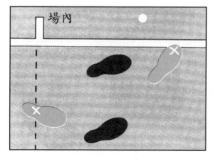

(1)站　位

擊球一剎那,無論你哪一隻腳踩在底線、邊線、中點線的延長線上均判為腳誤。如果你第二次就犯,你就失去一分。

(2) 握 球

用不握拍的另一隻手來握球，握球時用拇指和其餘四指配合來握住球。握兩個球時，用拇指、食指和中指握住第一個球，無名指和小指夾住第二個球。如果不習慣握兩個球，可把另一個球放在口袋裏或夾在球夾上，準備第二次發球。

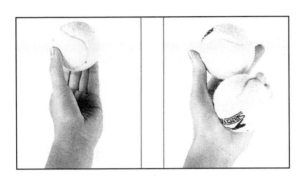

81

(3) 拋 球

站在發球區的位置上，將球拍放在你的腳前，練習拋球。手臂伸直把球垂直向上拋起，高度逐漸增高，讓球下落在拍面附近。

3）圖　解

(1)下手發球

　　這種發球在職業比賽中並不常見，但作為業餘選手我們還是提倡，並把它介紹給大家。儘管有些球手把它當做安全的發球方法，其實，若發得好，它同樣也是有威力和容易得分的。

　　站在底線附近，雙腳分開，前腳指向網柱，後腳與底線平行。球拿在拋球手中。球拍從球的底部向正手方向揮拍，同時鬆開抓球的手，使球從腰部高度落下。球必須在觸地之前擊出，否則就是一次失誤。與其他發球方式一樣，必須把球發到對方發球區內。球的性能可分為拋物線、上旋、下旋、側旋四種。

　　① 選擇發球區，左手持球，右手向後引拍。

　　② 左手放球，持拍手臂由後上方向體側前揮拍，手腕固定。

　　③ 在體側前用球拍的甜心區擊球，高度與髖關節齊高，球拍向前推送。

83

④ 擊球後，完成隨揮動作。

(2)上手發球

① 側身站在場地端線後，用大陸式握拍法，這樣比較容易使球產生旋轉。球靠在拍弦上或靠在拍頸部。

② 讓兩手臂向下，向後伸拍，重心下降，重心落在兩腳之間，屈臂，向上看球。

①

②

③ 向後引拍時,同時將球拋到高於你球拍能夠打到的地方。這時讓你持拍的手臂從體側離開,持拍一側的肩向後。當持拍手臂伸展過頭頂時,你的肘、膝充分伸直將這個球打出,重心隨之轉移到前腳。

④ 屈持拍手臂,準備擊球,後肩比前肩低,後腳向前帶。

③

④

⑤ 轉肩直到雙肩與網平行。
當球剛開始下落時,蹬直腿,擊
球。

擊完球後,感覺到拍頭快速
超過手腕。球拍繼續前揮到腰的
另一側,用持拍手來保持平衡。
回到準備姿勢,觀察對方的回
球。

⑤

4)練習指導

發球者首先在右區發球,雙方分數相加為單數時在左
區發球,雙數在右區發球。球必須發在對方發球區內。

發球時的站位應該靠近中點附近,把球發到靠近發球
區的中線附近,也可以發向外角。開始學習先做分解動
作,由發球線開始,慢慢後撤到底線發球。

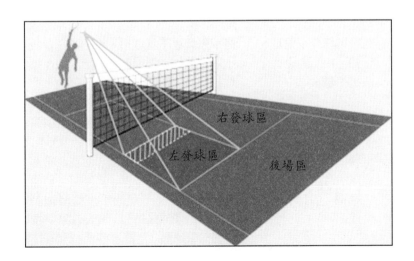

右發球區

左發球區

後場區

外角球

發球員

中間球

內角球

5）常見錯誤與糾正方法

（發球）

常見錯誤	糾正方法
☒ 向上拋球高度不夠。	☑ 反覆地練習向上拋球動作，使拋出的球有合適的高度。然後站在發球位置連續發球。
☒ 拋球偏斜，球下落時常有偏左或偏右現象。	☑ 反覆地練習向上拋球動作，使拋出的球能較直地在右前上方升起和下落。然後站在發球位置，用多球連續發球。
☒ 後擺沒有下垂球拍，拍頭向上直接拍擊。	☑ 徒手先體會下垂球拍，使拍頭在背後下垂。然後從這一姿勢開始向前上揮球拍發球。待基本掌握後，再由下揮拍繞環至背後垂拍，然後伸臂揮拍將球發出。可採用多球練習，連續發球。
☒ 發球時擊球點選擇不合適，有時過高，有時過低。	☑ 強調擊球點的適宜高度，應在身體垂直面右側稍前的位置，高度略低於個人臂長加拍長。可徒手模擬發球動作，或用多球來練習，重點注意選擇合適的擊球點。

續表

常見錯誤	糾正方法
☒ 上體過於後仰，發球經常失誤。	☑ 強調發球時保持正確姿勢，兩腳前後開立，眼睛注視上拋的球，上體略仰，作出背後垂拍，在合適的擊球點將球發出。通過多次重複拋球，加強身體的協調配合來糾正錯誤。
☒ 發力過猛，失去控制。	☑ 強調大力發球時注意發球動作要領，特別是擊球點高度要合適。球拍觸球瞬間，肘要伸直，手腕附加突發用力。在揮拍速度最快時擊球，然後迅速揮至身體左側。切記大力發球要充分發揮全身爆發力，但不能失去控球能力，採用多球進行練習。

3.3.4 接發球

接發球，顧名思義，就是把對方發過來的球回擊過去。接發球不僅要使回擊的球落入對方場區，而且要讓對方回球時感到困難，甚至接發球回擊得分，來打破對方的發球局。對初學者而言，我們強調的是接發球的成功率，其次才是攻擊力。

正手回擊接發球	採用東方式、大陸式、西方式握拍方法。靈活、方便。	適合於初學者。
雙手反手接發球	採用東方式、大陸式、西方式雙手反手握拍方法。穩定、有力。	適合於有一定水準者。
反手切削接發球	採用大陸式反手握拍方法。旋轉、多變。	適合於高水準者。
進攻性接發球	採用東方式、大陸式、西方式握拍方法。主動、突然。	適合於有一定水準以上者。

1) 特　點

① 對方的發球會左右你回球的類型和質量。

② 要具有對抗對方的發球速度、高度、力量、旋轉和落點的能力。

③ 只能擊落地球，由於球速和旋轉的不同，也就有多種擊球方法。

④ 在比賽中，能從發球者手中奪取主動權。

⑤ 接發球的重要性僅次於發球。

2) 圖　解

(1)準備姿勢

準備姿勢對不同的擊球方式都適用。

89

(2)正手回擊接發球

判斷來球開始引拍，側身對著場區，將球引入右側前方用正手回擊，隨之重心移到前腳。擊球後，後腳上步以保持平衡。然後回到底線準備回下一個球。

(3)雙手反手接發球

　　雙手反手接發球將給你增加擊球力量，穩定拍面。這樣，對方發球的速度將決定你有多少時間向後引拍，較慢的球速將會有充分的時間向後引拍，從而增加你的擊球力量。擊球要在腰部與肩的位置，手腕固定，手臂向外伸展，肘部自然彎曲。在揮拍過程中膝關節要伸直，這將有利於揮拍路線由低到高保持身體平衡。

(4)反手切削接發球

　　用反手切削接發球，需要用短引拍。把球讓在體側一邊，拍面在接觸球的瞬間與地面垂直，轉肩拍面「打開」擊球，手臂保持伸直，手腕微微轉動帶動球拍，切削回擊的接發球將使球很低地越過球網。如果擊球動作過猛，拍面擊球部位不合適，球容易飛出底線。

(5)進攻性接發球

在接對方發的短球時,早一點上前將它擊向底線或對角線上。這種接發球使對方不太可能上網,迫使他(她)在前進過程中受阻。所以你的進攻性接發球要迫使對方處於防守,並且使你能控制網前,佔據主動。

3)實踐指導

① 當發球者拋球的瞬間,你要有回擊這個球的想法和準備。

② 假如你接的是較快的發球,就站在底線後1公尺處,因為向前跑動比向後跑動容易。

③ 假如發球速度較慢,你要進入場內,並且用基本的打落地球技術對準上升的反彈球或下落球擊打。用這種方法適合接各種對方發過來的球。

④ 對方發球的速度將決定你有多少時間後引拍,較弱的發球會給你充分的時間後引拍,而增加你的擊球力量;

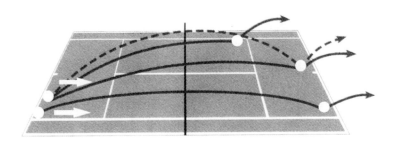

反應快速的發球要短引拍，要用你的體重增加擊球力量。無論用哪一種，都要保證你的隨揮動作完成。

　　⑤ 要想打出上旋球，必須將球拍降到擊球點之下，轉肩拉拍到高位，就像擦擋風玻璃的動作，來加強球的旋轉。

　　⑥ 接發球最保險的方向是打較深的斜線球或中路球，假如你要打更多的進攻球，目標可考慮直線球、網前球、有角度的斜線球。

　　⑦ 發球者的發球目標是要直接得分，你必須快速作出反應，使他（她）不能成功。

4）常見錯誤與糾正方法

（接發球）

常見錯誤	糾正方法
☒ 發球處於主動，接發球處於守勢，因而時常有緊張感。	☑ 要樹立攻守平衡的思想。用抖動手臂、大腿或者轉動球拍來消除緊張情緒。這些都是在接發球前自我放鬆的好辦法。
☒ 判斷不出對方發球意圖。	☑ 注意看對方拋球時持拍拍面是平的還是有角度的。如果有角度即為切削發球，可準備向場邊移動。要是判斷不出角度，可用耳朵聽，因為平擊球的聲音比旋轉球要大得多。
☒ 回擊不及時，時常打不到球。	☑ 盡可能快地完成後擺動作。接發球同一般打落地球不同，面對一個快速發球，沒有更多的時間來作出反應，以及正常地後擺和擊球。經驗告訴我們，當發出的球在飛越過網時，後擺動作應結束。
☒ 擊出的球不穩定，控制不住方向和力量，時常球被打飛。	☑ 握拍要緊，手腕要繃緊，特別是在接大力球的情況下要注意這兩點。拍面角度、球接觸拍的時間、隨揮動作也是關鍵因素。

3.3.5 截擊球

攔截正在空中飛行的球，稱為截擊球。它分為正手截擊球和反手截擊球。截擊球屬進攻性技術，它往往是最有

力的得分武器。從技術表面看，它的動作結構是所有技術動作中最簡單的。但是由於截擊球對預測能力、腳步移動、擊球時機三者在瞬間的和諧運用上有極高的要求，因而使這項技術充滿了挑戰性。

正手截擊球	高截擊球	採用東方式或大陸式握拍方法。打高於頭上方的球。要求截擊人手腕有力，拍頭控制得好。
	低截擊球	採用大陸式握拍方法。適合打在膝部以下的球，要想進攻是很困難的。
	進攻性截擊球	採用大陸式握拍方法。打網前高過於球網上的球。
反手截擊球	高的反手截擊球	要求截擊人手腕有力，拍頭控制得好，擊球時不要降低拍頭和搖晃。
	低的反手截擊球	打低的反手截擊球要想進攻是很困難的，因為球低於球網高度，你要降低重心擊打球的下方。
	進攻性截擊球	有些球高於球網，可以試著去打反手進攻截擊球。
	雙手反手截擊球	去打高而慢的球，這種感覺就像打棒球一樣。手腕固定控制好球，做好隨球動作。

95

1) 特 點

① 截擊球技術是網前攻擊性擊球的方法之一。

② 它回擊速度快、線路直、落點準、上網威脅大。

③ 截擊球的動作應該是快推，並且有一個非常小的引

拍和隨揮。

④ 目前一些網壇高手都採用發球上網或接發球上網戰術，其中截擊球技術在打法上佔有很重要的地位。

2）圖　解

(1)正手截擊球

① 站在發球線前做好準備姿勢，保持腳與肩同寬，重心在前腳掌上。這時你的位置靠近球網，就意味著縮短了你和對方之間的距離。

② 當球朝你這方過來時，開始後引拍，拍頭略比擊球點高些，引拍較短，同時固定手腕。

③ 轉肩向前邁步，重心就移到前腳上來，球拍高一點，與你的前臂形成「V」形，保持拍面打開，向前推拍。

④ 向前跨步，在體前擊球，讓拍底邊略微向下，擊打

球的後部。這樣的削球能使球打到對方場地較深的地方。

　　⑤擊球時推的動作將使球拍有一點隨揮。在擊球時以一定的角度和方向固定拍面，這樣有利於控制球的飛行路線。

　　⑥打完截擊球後不要離球網太近，因為你的對手可能打挑高球到你的後場。

(2)反手截擊球

　　從準備動作開始,直接向後引拍。持拍一側的腿向前移動一步擊球,使球穿過球網打到對方場區,保持拍頭高於手腕,並且直接隨揮,在回位之前,要保持拍頭的穩定。

3）實踐指導

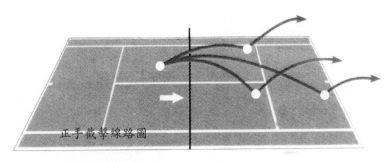

正手截擊線路圖

　　① 力圖使你的直線截擊球和斜線截擊球的落點較深,用短截擊球或有角度的截擊球,使球遠離對方。

② 如果你的球過網很高，你的對方就有機會打穿越球。

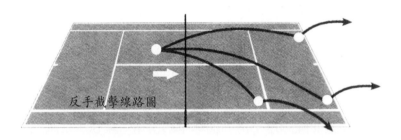

反手截擊線路圖

4）常見錯誤與糾正方法

99

（截擊球）

常見錯誤	糾正方法
☒ 後擺引拍過大。	☑ 以轉體附加後擺的動作，可防止後擺過大現象。可採用1人在網前截擊，2人在底線連續抽球的方法，或採用多球練習。
☒ 腕力不足，難以有力地截擊來球。	☑ 強調在球拍與球碰撞瞬間，手腕固定並增大握力，同時伴以轉體壓球動作。在網前可採用一對二方法練習，或多球練習。
☒ 截擊球沒有靠身體幫助壓球，而是只靠手腕。	☑ 強調截擊時，多靠身體轉動帶動球拍壓球，觸球瞬間要緊握球拍。可利用個人對牆連續擊空中球練習，或多球練習糾正動作。

網球入門

3.3.6 高壓球

高壓球是網球技術中最有力的攻擊方法，它要求球手在扣殺時集中精力，充滿信心。高壓球一般分為近網高壓球、後場高壓球、落地高壓球、反拍高壓球、跳起高壓球五種。擁有良好的高壓球技術可以幫助你上網去擊更具威力的球。但是，有許多初學網球者，懼怕打高壓球，時常面對從天而降急速下落的網球不知所措，現在，就讓我們一起來學習高壓球技術。

100

近網高壓球	採用東方式或大陸式握拍方法。距網前2公尺左右，是一次直接得分的最好時機。
後場高壓球	採用東方式或大陸式握拍方法。在後場區擊球，是一次很好的轉機機會，但步子要退足，有難度。
落地高壓球	採用東方式或大陸式握拍方法。適合前場和後場高壓擊球，容易找到擊球點。
反拍高壓球	採用大陸式握拍方法。擊球隱蔽，落點刁，範圍大，但有一定的難度。
跳起高壓球	採用東方式或大陸式握拍方法。在球通過頭頂前跳起高壓，增加了防守範圍。

(1)特　點

① 高壓球技術多用在對方挑高球的時候，採取扣殺爭取直接得分的進攻技術。

② 高壓球的動作與發球動作相似，但沒有向後引拍幅

度大，而是後擺簡短。

③ 絕大多數的高壓球都是用正手扣殺的，往往佔據著主導地位。

2）圖　解

① 後引拍時，向場地外轉身，屈肘。用另一隻手指向球，隨著球的移動，一直到選好擊球位置。

② 如果對付挑高球很深，要用交叉步快速向後移動。

③ 後腳向後大跨一步，並屈膝準備起跳。移動要快，但不要匆忙地起跳。看球，不持拍手指球。

①

101

②

③

④ 開始引拍擊球時，球拍在身體的後上方。轉肩，頭保持穩定。後腳向後起跳，用力擊球。

⑤ 轉肩擊球時，拍頭要高於手腕。球拍接觸球的瞬間，手腕加力。擊球點應該在身體的前上方，充分伸展身體，用球拍的甜心區擊球。球拍擊球後順勢下揮，後腳前移，保持平衡，讓不持拍的手圍繞著腰慢慢移動。身體落地的瞬間，重心隨著持拍一側的腿前移，隨揮球拍到腰的另一側。

3）練習指導

站在網前的位置上大力扣殺，使球反彈後高高地越過對方頭頂，或者把球打在對方弱區深處，偶爾打出一些有角度的球。

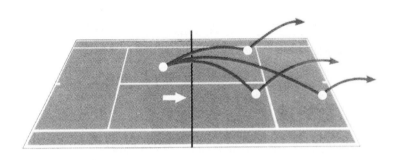

4）常見錯誤與糾正方法

（高壓球）

常見錯誤	糾正方法
☒ 擊球沒有移動到球的下落處擊球。	☑ 提高視線隨球移動能力，準確判斷球的落點。可運用連續擊高球的多球練習，注意步伐移動到球的下落處再擊球。
☒ 高壓時身體過分地向前或後仰，完全依賴於手腕的運動。	☑ 明確高壓球不只是靠手腕來壓球，主要靠身體的協調配合，上體不能前傾過多或後仰過大，這樣容易失去平衡造成高壓失誤。可運用多球練習，選好擊球點，用身體協調打高壓球。
☒ 沒有看清楚來球的位置，擊球點太低或高壓時有低頭現象。	☑ 提高視線隨球移動能力和判斷預測能力。可運用多球練習改進高壓球技術，擊球時不要低頭。

3.3.7　挑高球

挑高球就是把球高高地挑越對方的球拍，以爭取機會取得優勢或上網前扣殺。

挑高球分為防守性挑高球和進攻性挑高球兩種。防守性挑高球通常是在極端被動的情況下，用平推的手法，挑出又深又高的球，以破壞對方的進攻節奏，化解對方的網前優勢，為自己贏得回防時間。

進攻性挑高球是用強烈的上旋，使球急速飛過網前對手，迅速落在後場，以期直接得分或取得優勢。

防守性挑高球	正手挑高球採用東方式正手握拍法或自然的握拍方法。 反手挑高球採用東方式反手握拍法，或自然的握拍方法。	化解對方的網前優勢而贏得時間。
進攻性挑高球	正手挑高球採用半西方式正手握拍法或自然的握拍方法。 反手挑高球採用半西方式反手握拍法或自然的握拍方法。	以期直接得分或取得優勢。

1）特　點

① 挑高球不僅是一項防禦技術，也是一種可怕的進攻武器。

② 防守性挑高球亦稱下旋高球，它飛行弧線高，比上旋高球容易控制，具有失誤少的特點。

③ 進攻性挑高球亦稱上旋高球，球能強勁飛越網前對方，迅速落在後場，以期直接得分或取得優勢。

2）圖　解

(1)正手挑高球

① 向後早引球拍、轉肩，有效地擊打球的下部。如果來球很低，你要屈膝向前移動，準備姿勢低一<u>些</u>。

② 當球開始下落時，向前一步轉肩，拍面打開向前上方揮拍，使球超過對方的觸球範圍，在體前擊球。繼續向上揮拍，形成一個完整的上升姿勢。

③ 當球拍繼續向上方揮動時，腿要伸直，用另一隻手維持身體的平衡，球拍停止在隨揮的高點上。好的隨揮動作有助於挑高球，打完挑高球

後，你要回到適當的位置，保護好你的場地。

(2)反手挑高球

① 快速移動，並用另一隻手扶拍，向後早引拍，眼睛看球。

② 揮拍擊球的下面時，要保持拍面打開的狀態。

③ 隨球向上揮拍，伸膝，使球打得更高。

3）練習指導

① 向對方反手深區打斜線挑高球，這樣有利於控制球的飛行路線。球的整個飛行路線通過對方的頭頂時應該是

最高點。還要考慮風會影響高的挑高球的飛行路線。

　②如果挑高球成功，機會來了，力爭快速移動到網前進攻的位置上，運用進攻性的截擊球和高壓球技術得分。

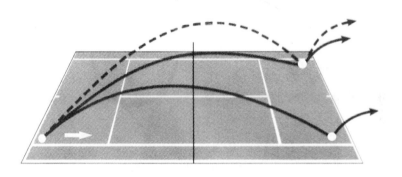

107

4）常見錯誤與糾正方法

（挑高球）

常見錯誤	糾正方法
☒ 挑的高度、深度不夠。	☑ 站在端線，原地進行多球練習，將球擊高擊深，不要怕出底線。跑動中完成挑高球的練習。
☒ 提拉動作突然，球拍跟進動作停止過早。	☑ 無球的揮拍練習，或多球練習。改進並掌握完整動作。
☒ 擊球時手腕沒有繃緊，打出無力的飄球。	☑ 適當加大握拍力量，在球拍觸球瞬間更要握緊球拍，繃緊腕關節。
☒ 擊球時拍頭沒有低於手腕，造成沒有上旋或上旋力量不強。	☑ 多做模擬練習，使拍頭低於手腕，手腕後屈，加強腕部控球力量，完成弧線上拉。

3.3.8 放小球

放小球是一種不用力的擊球，也稱為「觸擊球」。它將給你提供更多的擊球方式。要想贏得一場比賽的勝利，不僅要看你能打出幾例好球，還要看你的擊球是否能使對方在場上疲於奔跑，並把喜歡在底線打球的對方

調動到網前來。這樣你就可以打穿越球或挑高球了。放小球不僅僅是為了得分，還是調動對方在場上的移動。

正 手 放小球	採用東方式反手握拍法，或放鬆自然的握拍方法。	主動、靈活、落點準確、視野開闊、控制範圍大。
反 手 放小球	採用東方式正手握拍法，或放鬆自然的握拍方法。	球在反手一側，容易、方便、有一定的隱蔽性。
掩 護 放小球	採用東方式正手握拍法，或放鬆自然的握拍方法。	在正常揮拍情況下，突然減慢球拍速度，用假象迷惑對方，調動對方。
截 擊 放小球	採用大陸式握拍方法，或放鬆自然的握拍方法。	像截擊球一樣，是網前球落地之前擊球，是用來減弱來球的力量和速度的。

1)特　點

① 放小球的兩大特點：第一是隱蔽性；第二是突然性。
② 放小球不是一項常規技術，需要多年的練習方能運用自如。

③放小球可以豐富你的打法，讓對方始終處於猜測之中。

2）圖　解

(1)正手放小球

①當你放短球時，使用擊打落地球的握拍方法，或用大陸式的握法來增加旋轉，向後高引拍，比截擊球的引拍動作要大一些。

②當球拍向前揮動時，握拍要放鬆，拍的底邊在前面，直接向前下方揮拍，保持拍頭高於手腕。

③當球拍要接觸到球時，打開拍面準備擊球，用球拍的底邊去切球，使球產生向後的旋轉，擊球後要保持放鬆握拍。

④ 隨著球和拍的漸漸分離，球拍繼續前揮，高於球網，拍面對準你的擊球方向。使用不持拍的手幫助保持平衡。

(2) 反手放小球

① 轉肩，向後高引拍，使用反手旋轉球的方法握拍，眼睛注視著來球。

② 用球拍的下邊緣摩擦球的下部，然後向前揮拍。保持拍面打開，這樣可使球容易過網。

③ 向前隨揮球拍，在身體的遠端觸球，擊球點向前一些，保持拍面的方向。同時頭部穩定，另一側肩向後。

④ 拍頭對準你的擊球方向。使用不持拍的手幫助保持平衡。

3）練習指導

避免在底線放小球，而是等待時機在中場放小球。擊球時要有旋轉，但不要用力，使球過網就落地，反彈較低。

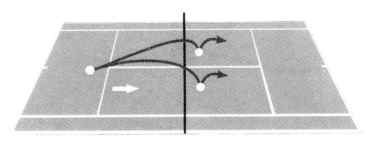

4）常見錯誤與糾正方法

（放小球）

常見錯誤	糾正方法
☒ 拍面過早打開，從而暴露了意圖。	☑ 強調只是在觸球前的一剎那拍面打開，動作自然、柔和。由反覆練習，才能掌握好時機。
☒ 站在底線後放小球。	☑ 放小球最佳位置在中場前，因為它離網近，線路短，容易控制。在你沒有把握情況下，不要放小球。
☒ 小球放得太高、太遠。	☑ 球拍打開後，「撫摸」球的下部，並向下作弧形的揮拍，跟著球的方向做隨揮動作。用多球練習，定點練習。

112

3.4　網球多元型打法

所有從初級水準到高級水準的網球選手，不管你是什麼樣的打法，都應該遵循打網球的五種基本技巧。

圖 解

揮拍是擊球的動作，而打法則是描述球在碰撞後的飛行路線和最終落點。許多戰術打法是由不同的揮拍產生的，下面列舉一些在比賽中常用的打法示例圖。

113

(1) 斜線和直線球

斜線球是把球擊到對角的位置，如從右邊場地擊到對方右邊場地。直線球是以平行於邊線的線路擊球。

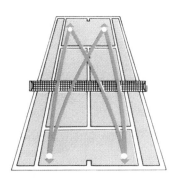

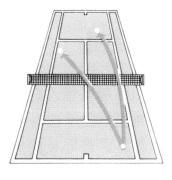

(2) 穿越球

穿越球是使球穿過站位靠網前的對方，可以是斜線球，也可以是直線球。

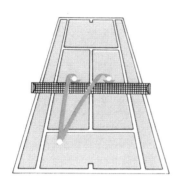

(3)放小球

球剛好過網,並且沒有什麼反彈,就叫放小球。放小球一般是打下旋球。

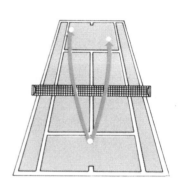

(4)隨擊球

隨擊球是在朝網前移動打截擊球之前的任何打法。你能打斜線球、直線球或後場球。

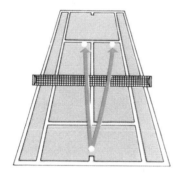

(5)削 球

削球是一種用下旋球打的撞擊打法。目的在於使球落在對方的腳下或離他較遠的地方。

3.4.1 底線型打法

底線型打法所站的基本位置是底線上中心線位置。因為處於中心線位置對追趕正手和反手球都是最短的距離。

底線型打法原來偏重於防守，相對被動。近年來，隨著網球技術水準的不斷發展，在上網型打法的威脅下，出現了一種攻擊性的底線型打法，它兇猛、有力、旋轉、落點刁，迫使對方難以上網，而佔據主動。優秀底線型選手一般都能掌握扎實的正、反手擊球技術，一拍接一拍地猛抽，並具有相當強的攻擊能力。

練習指導

① 在底線擊球時，開始與對方從發球線到發球線的連續對擊，使你總要有想法。在這一階段，第一個決定的是用正手擊球還是用反手擊球。你應該快速決定，同時要快速靠近球，這樣才能夠進攻。打完球以後快速回到發球線與中點線位置上。

② 在底線連續對擊時，你要注意能夠控制多大範圍，因為在底線所控制的範圍要比網前大許多。下一個主要決定是你向何方移動，從場地的一側移動到另一側是用正手擊球還是用反手擊球與①有關係的。如果來球很短，你要向前移動，如果來球很高或者很深，你要向後移動。

③ 一旦你能夠在場上的任何位置輕鬆移動和擊球時，就可以考慮怎麼進攻。開始階段多打一些直線球或者斜線球，改變你的擊球過網的高度，同時多練習打旋轉的球，

爭取改變球的方向。打直線變斜線球比打斜線變直線球要容易，因為這將減少球出界的機會。

④ 在這一階段你應該考慮你的擊球意圖。有三種擊球方法可以選擇：連續對擊、進攻和防守。這種選擇決定於你在場地上的位置：在防守區域，你要考慮把球打得很深，同時要連續擊打對方的深區，當球反彈不規律的時候必須打防守球；在機會區域，你可以把球打得有力一些，有時可以打一些深的有角度的進攻球；在進攻區域，你可以打進攻的落地反彈球和截擊球，這樣你就可以贏分。

⑤ 這一階段你應該有目的地早擊球。當球剛反彈起來或者上升時就擊球，擊球後快速制動，同時使用不同類型的復位回到中點線，這個中點線就是你與對方擊球路線一半的位置。

3.4.2　上網型打法

努力創造一切機會和條件上網。發球後積極爭取上網，並在空中截擊來球，使對方措手不及。這種打法積極主動，富有攻擊性，但也有一定的冒險性。上網後利用速度和角度造成對方還擊困難而直接得分。

練習指導

① 發球和打截擊球時，應該清楚地知道你的發球到對方的外角時，他（她）是否有可能打回有角度的穿越球。大多數情況下是對準發球區的中間發球，或

116

偶爾發到對方較弱一側的外角。這樣，回球質量不高可上網得分。

② 好的網前站位能夠威脅對方，使他（她）很難打出一些穿越球。

③ 救球或者打截擊球時，你的位置應該在你所處的場區一側的中間，這樣你能夠控制直線球和斜線球。如果你在網前的位置上，應該能截到斜線球。

④ 成功的網球選手必須知道什麼時候進攻，什麼時候防守。

3.4.3 綜合型打法

117

綜合型打法是以基本功紮實、技術全面為基礎，還要根據不同的對手、不同的場地特點與戰術上需要，結合自己的技、戰術水準，靈活多變地去實施戰術打法。綜合型打法與攻守平衡是符合積極主動、機動靈活戰略原則的。

練習指導

① 對付發上旋球者，採用接發球破網或先考慮接發球成功率，再準備第二次破網。

② 對付隨球上網者，採用底線打深球戰術，用正拍進行對拉，反拍切削控制落點的戰術，尋求進攻機會。

③ 對付底線穩健型打法者，採用發球上網或隨球上網及底線緊逼戰術，以打亂對方節奏。

④ 對付接發球上網者，採用提高第一發命中率，變化發球和落點，以控制場上主動權。

網球多元型打法	底線技術(百分比)	中、前場技術(百分比)
上網型	30%～40%	40%～70%
底線型	60%～70%	30%～40%
綜合型	40%～60%	40%～60%

3.5 單打戰略與戰術

1) 戰略思想

戰略是選手在整場比賽中的指導思想，是針對不同對手而選擇、制定的比賽方案。

戰術是指在比賽中經常運用的手段，是對戰略指導思想的具體實施辦法。它可以在整個比賽中不斷變化，以便適應並破壞對方的戰略、戰術。

所有優秀的運動員在比賽中都能運用一定的戰略、戰術。如某運動員以防禦或以進攻作為自己的戰略指導思想時，打法是有區別的。如張德培是防禦型打法的選手，他能穩穩當當、耐心地按自己的戰略意圖有板有眼地去比賽；而桑普拉斯則是典型的進攻型選手。

2）戰術運用

在實際網球比賽中，除了要有一定的戰略指導思想外，臨場應根據對手的情況靈活運用一定的戰術。下面列舉幾例典型範例，供參考。

(1) 發球與截擊球

這是發球上網選手的策略。此時必須具備迅速的步法，以防止對手打超身球或打空檔。

適合發球者身材高大，或者對方的雙手斜角球很拿手。

① 利用側身發球，把球打在對方身體中央，使他（她）無法打回斜角球。

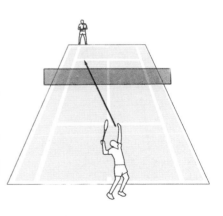

②以基本的發球結合截擊球戰術，上網將球打至對方空檔。

(2)隨球上網

隨球上網也是比賽中的主要得分手段。這一戰術的關鍵是步法起動要快，看清對方的回球，主動迎上高點擊球。

適合喜歡扣球選手的上網。

①自己主動將旋轉的弧線球深深地打進底線內。

②趁對方將注意力集中在來球上時，突然快速上網，將對方擊回的弧線球用高截擊球或過頭擊球扣殺至對方空檔。這一情景在女子比賽中經常見到。

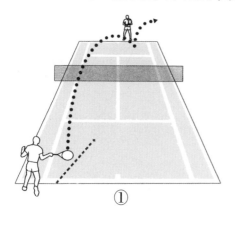

①

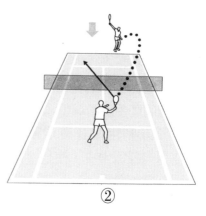

②

(3)接發球上網

接發球時必須積極主動，尤其是對方的第二次發球。接發球上網的關鍵是看清如何使自己在接發球後能上網。適用於對方第二次發球較鬆散時。

① 當對方的第二次發球落到平分區的反手側（比較容易接）時，可以用反拍抽擊將球打回至中線深處。

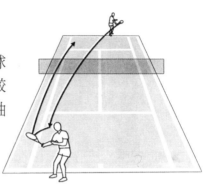

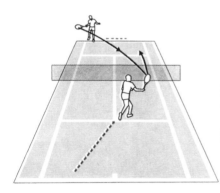

② 因為此時對方難以打出弧線較大的球，所以可以大膽搶攻上網，將回球截殺在對方空檔。

(4)打反彈球

這一戰略是將球打到離底線30～50公分的地方，用反彈球戰勝對方的方法。基本要領是控制球的落點，調動對方在底線來回奔跑，誘使對方露出破綻。一旦出現機會，

馬上給予致命一擊。用對角反彈球調動對方。

　　這是反彈球戰略的最基本戰術。

　　① 雙方反手互拉強力上旋球，一方搶先變招，迅速回到正手。

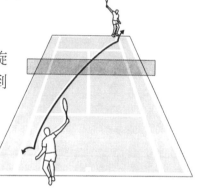

　　② 然後用正手拉強力上旋球於對方底線兩邊大角深處，不給對方上網及底線起板的機會，尋找機會突破。此時必須意識到自己的正手側空當太大，應隨時做好準備。

(5)綜合打法

　　能夠利用各種打法應戰的全能選手，其取勝的關鍵在於儘早看清對方的戰略，並及時採取相應的策略反擊。

　　用於反手的上旋球對攻時。

① 用反手的上旋球進行對角球的連續對攻時，如果對方的球變淺的話，可先用削球過渡。

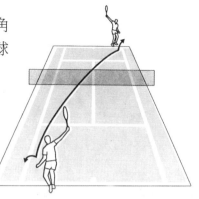

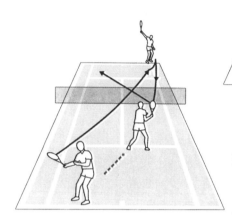

② 根據對方的直線回球路線快速上網，通常，大多數的全能選手此時都採用上網扣殺的基本戰術。

123

3.6　雙打技術與戰術

雙打是團隊的配合，是業餘比賽的主要項目之一。網球的雙打同單打相比在體力上的要求相對較低，雙打的對抗程度雖然不如單打強烈，但它具有更多的樂趣，更需要戰術的配合。

在雙打學習過程中，應先學會怎樣在雙打比賽中運用日常已掌握的網球技術，加強配合與默契。如果組隊參加比賽，沒有配合，兩人各自只是分別按自己最拿手的方式一味進攻，是不可能成功的。經由練習與磨合，相互瞭解各自打球的方式和習慣後，戰術上的安排與運用就會變得

比較容易。另外，兩人互相瞭解對方的缺點後，再考慮該怎樣利用自己的技術去與之相配合，這一點是很重要的。

1）雙打技術

雙打技術與單打技術沒有很大的區別，但由於是兩個人對兩個人的比賽，也還是有它獨特的地方。

下面介紹雙打的三種基本技術。

(1)發球 → 截擊球

由於發球後要搶先上網，因此發球時球要拋在稍靠前的位置上，發球後直接躍向發球線。在發球線附近有短暫的停留，以判斷對手的回球方向，並跨步向來球方向。這時要注意收拍準備接球。如對手回球無力，則可以更向前佔據有利的位置。截擊球時可巧妙地把球打到對手的腳下，以爭取在下次擊球時得分。

(2)接發球 → 截擊球

接發球後的上網擊球與單打中的上網擊球是一樣的。不過，由於接發球是要把發過來的球打回去，因此要在身體及心理上做好相應的準備，如果能預測到出球的落點的話，在對手向上拋球時，即可從站位上向前進1～2步，在來球落地彈跳至最高點之前打到球。

這時可以不考慮隨揮動作。

(3)截搶技術

截搶技術是指在本該由同伴打截擊球時，自己從旁邊

將球搶打擊回的方法。截搶時目的要明確，動作要乾淨俐索，不能有絲毫的猶豫。截搶時向球網的中心部前進，然後沿球網運動，即基本上是緊貼著球網移動。

擊球時球拍的揮動動作不要太大，落點以對方空檔為目標，如果對方就在前面又沒有空檔的話，可把球打到對方的腳下。

此外，當一人在截搶球時，同伴要注意補位，進行相互的交替保護。

2）雙打戰術

(1)站 位

雙打分為前後站位、平行站位和澳洲陣式站位。發球或接發球時，每一對球員的其中一位站在底線，另一位站在網前守住自己的位置，不要留出空檔給對方從你身旁進攻的機會。

戰術要點：
●決定由誰來守哪一邊。 ●決定採用什麼樣陣式。
●決定由誰來先發球。 ●同伴間要相互信賴。

(2)發 球

如果你或同伴發球，你們就佔據了很多優勢。你可以透過發球和截擊球首先選擇網前的位置。當你發球時，你的同伴應該站在靠近網的進攻位置上，在那裏可以比較容

易地接到中場的直線球和單、雙區邊線間的直線球。

站在底線發球時，發出的球應比在單打比賽中的發球更有角度，以遏制對方有角度的回球。在每一球開始時，應與同伴溝通。

(3)接發球

如果雙方都有人站在網前，那麼回球的準確性比回球的力量更重要。發球後，如果你的對方是直接上網的話，就應該殺球回擊到對方的腳下或交替地打一些有角度的球。如果發球員仍然停留在底線附近，回擊的球要深一些，並且爭取佔據網前優勢。

每一球開始的時候，球員應在底線附近接球，準備向前擊球。其同伴應向後退一些，準備回擊下一個球。

(4)過程中

在連續對打的任何時候，站位在網前的球員要隨時攔截球，從對方的較高或者較慢的落地球中，能夠快速和容易地贏得一球。同時也為進攻創造了一個好的機會。不要過早地移動去攔截斜線球，因為對方有可能改變計畫去打單、雙區之間的直線球，你的同伴應該在底線保護另一半場地。

如果你和同伴兩人都站在網前時，要保持相等的距離一起向側移動、向後移動或向前移動。你救球時，你的同伴必須停在空開的區域內。這時，對方可能打中場的進攻球來打亂你們的平衡。如果你們在打球前就商量好當出現這種球時由誰來接球是最好的。你們兩人都在網前時，對方可能會挑高球，你應示意你的同伴由誰來回擊這個球。

(5)結束後

在比賽前、後討論戰術配合，讓同伴知道你下一次移動方向和打法。好的雙打同伴會共同分擔快樂與失敗，並在場上主動擔負保護場地的任務。

3）戰略菜單

■ 雙打中的發球
① 提高第一次發球的成功率。

② 第一次發球時，應將球打到對方接球選手的反手側。

③ 利用側身發球，使回球變得困難。

④ 稍微變化一下發球的位置。

■ 雙打中的截擊
① 快速截擊要遠打。

② 有效進攻。

③ 連續將球打回同一個地方。

④ 掌握更多的截擊技術。

■ 雙打中的接發球
① 注意緊收球拍。

② 採用半步向前的接球姿勢。

③ 使用直線球給對方造成壓力。

④ 把球回到中場，減少失誤。

■ 雙打中的抽擊球
① 用抽球球回擊，迫使截擊者進攻。

② 在打了幾個抽擊球後，抓住時機挑高球。

③ 不要過多地使用邊角球。

④ 令對方難以截擊的抽擊球。

3.7　場地差異與戰術

在網球運動中，技術和戰術的運用必須根據場地的不同而變化，所以對於經常參加網球比賽的球員來說，要考慮各種球場地面的特性來採用相應的戰略是非常重要的。

128

草地球場	天然草地，球速快，腳下滑。與硬場地相比，擊球的位置更靠前。
沙土場地	球速慢，彈跳力降低，可以多進行反彈球戰術。接發球時，並不一定要在前面打。把球的落點打深比一味強調進攻更重要。其他的擊球也可以大幅度收身。步法應積極採用滑步，以便保存體力和擴大控制球的範圍。最好能使用弧線球、角度球、近網低球等多樣擊法迷惑對手。持久戰時，注意減少失誤。
塑膠場地	整體的球速和步法都變慢，上旋類的球因為球彈不高，所以威力大減。不過，上網卻令人意外地有效。超身球也比硬地需要力量，更難打。少使用滑步，因為比黏土場地更容易消耗下半身體力。
人造草坪	沉下臀部放低姿勢，即使移動腳步，也必須放低姿勢，注意收身動作要緊湊。比其他球場都更適合積極應戰，你可以大膽施展所掌握的任何一種進攻戰術。比如，發球結合截擊球、接發球搶攻等。

3.8 室外與室內戰術

在室外打球容易受天氣的影響，而室內則受建築物的構造及打球聲音的影響。要儘快適應各種環境，使環境成為對自己有利的因素，這種策略對取勝也是非常重要的。

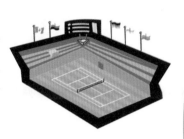

1）室　外

因為室外打球受天氣及環境的變化影響，所以打球時要考慮太陽、風、氣溫、海拔等因素的影響。

例如：

① 在海拔較高的場地上球飛得較高。

② 如果氣溫低的話，球彈得不高。

③ 確認太陽的位置及高度，特別是在第一局，使用接發球、挑高球等技術時，球看起來炫目。

④ 順風時球借風速飛得更高更遠，此時不要著急，可採用更為旋轉的球與對手對抗。

⑤ 如果逆風的話，即使你全力揮拍，球大多都落在對方球區內。此時需要積極地上網，因為順風方的超身球失誤率較高，可以採用近網低球截殺。

2）室　內

室內不受自然環境左右，不過打球的聲音變大了，聽

聲音就能感覺到速度。對於喜歡大力發球的球員來說非常有利，因為此時對他們來說打起球來非常爽快。因為不受自然環境影響，所以很容易集中精力、按部就班地打球。

3.9 網球擊球通則

① 視線集中在球上。

② 在打球的時間裏，應使身體重心位於兩前腳掌之間。

③ 打落地球時，要使身體側對球網。

④ 發力擊球時，要加快揮拍速度，在拍速最快時使球拍撞擊來球，以增大擊球爆發力。

⑤ 打球時要體會到球撞擊拍弦上的感覺，要善於使球在拍弦上盡可能保持較長的時間。

⑥ 擊球不僅手臂用力，還要會用腰腹和全身的協調力量完成擊球動作。

⑦ 要善於利用地面和轉體動作，發揮擊球力量。

⑧ 要學會使來球撞擊在拍面最佳擊球區內，力爭撞擊在甜心區上。

⑨要善於在跑動中完成後擺動作。

⑩ 截擊球時，要使球拍拍頭高於手腕。

⑪ 打下旋球時，要善於使球拍適度後仰，向側下揮擊。

⑫ 拉上旋球時，要善於向上轉動拍頭。

4 網球診所

理論咨詢台
健康服務台
實踐參謀台

千萬牢記：

享受每一次成功的喜悅心情。

享受每一次失敗的懊惱。

4.1 理論諮詢台

4.1.1 網球學習規律

網球學習有其自身的規律性。

首先，要注意養成良好的基本姿勢，包括正確的握拍、準備姿勢和場上持拍隨球移動。然後，學習正手擊球、反手擊球和發球這三種基本技術。在此基礎上再掌握網前技術，包括截擊球、高壓球和放小球技術。最後，練習各種變化打法並結合以下技術，如發旋轉球、擊側旋球、削下旋球、挑高球、擊反彈球和接發球等。

4.1.2 網球學習過程

網球學習過程主要有三個階段，即動作泛化階段、動作分化階段和動作定型階段。

(1) 動作泛化階段

就是粗略地掌握基本技術動作的階段。指初學者學習網球基本技術時，表現出的揮拍擊球動作緊張、不協調、缺乏對球拍和球的控制力等。

這個階段主要任務是多看示範和模仿練習，建立起正確的擊球動作和感性認識，預防錯誤動作的發生。

(2)動作分化階段

是改進和提高技術動作的階段。指基本技術技能初步定型，能在球速較慢的情況下比較準確、輕鬆地完成擊球動作，但還不太熟悉，技術上也有些問題需要改進。

這個階段主要任務是進一步建立正確擊球技術動作的表象，消除多餘動作和錯誤的動作，加強擊球動作各個過程間的連貫與協調，基本達到準確、有效地擊球。

(3) 動作定型階段

由不斷地反覆練習來掌握固定的正確動作，並能十分準確、熟練、輕鬆、自然地完成基本擊球技術，來形成自動化的動作定型。這個階段主要任務是鞏固已形成的擊球動作，在比較困難的條件下也能較好地完成擊球技術動作，提高眼、手、腳對球的感覺，能相互協調配合，達到自動化程度，保證有一定的擊球質量。

133

4.1.3　網球學習原則

(1)健康原則

學習網球有利於廣大球員在身體素質方面有較全面的發展，培養球員心理素質和意志力上都有很好的作用。

(2)循序漸進原則

在學習內容、練習方法和運動負荷的安排上，都應符合運動生理學的要求，由低級到高級，由簡單到複雜，由

慢到快,逐步提高。

(3)從實際出發原則

要根據自己的年齡、性別、體質狀況、運動素質的基礎,以及練習的場地、設備、環境、氣候等實際情況來確定自己的學習任務、內容、方法和運動負荷等。

(4)自覺積極性原則

在明確自己學習網球的目的後,要積極主動地去學,不要三天打魚兩天曬網。要培養自己對動作的思考能力,養成自我鍛鍊的習慣,在實踐中不斷提高。

(5)鞏固提高原則

牢固掌握網球各方面的知識、各項基本擊球技術、各種練習方法。如不經常鞏固提高,就會產生技術動作的消退現象。所以,只有不斷地加強練習,強化動作定型,才能防止技術消退,才能提高網球的技術水準。

4.1.4 網球學習方法

(1)語言交流法

大多數初學網球者剛開始接觸網球的時候興趣很大,網球技術進步很快。有了這些成績和經驗後,要想更好地理解和提高網球水準,你就可以參加一些有組織的俱樂部或者網球協會,在那裏,就可以與指導教練和球友們面對面地進行交流。

網球除了從書本裏學到的知識外，相互交流往往是一種最好的學習方法，把自己的動作和體會與大家交流、切磋，取長補短，這樣更能加深對技術動作的理解和掌握。

(2)現場觀摩法

學打網球最好的方式莫過於現場觀摩，借助視、聽等機體感覺來感知擊球技術動作。要抓住一切機會到現場觀摩訓練和比賽，由觀摩高水準球員在場上的揮拍動作、步伐、擊球方式、戰術運用等，能在自己的腦海中清晰地顯現，然後回去反覆模仿，刻苦練習。

(3)主觀練習法

主觀上有計劃、有目的地反覆練習是掌握、鞏固、提高、形成較高水準技能的有效方法。積極地邀約同伴到網球場去打球，打網球要有一種激情，一種狀態。

(4)臨場比賽法

在比賽的狀態下鞏固、提高網球實戰技能的方法。運用已掌握的各種網球技術技能，在比賽因素的影響下，在有一定心理壓力的狀態下，對完成技術動作的鍛鍊有很大好處。

(5)預防和糾正錯誤法

在學習網球技術中，難免會有一些錯誤擊球動作產生，如果錯誤擊球動作不及時糾正，就會定型，很難改掉，還極容易造成運動傷害。所以，要特別重視錯誤動作

的預防和糾正。

4.2　健康服務台

4.2.1　營養補給

良好的飲食習慣應該是終身不變的。無論你是一名網球高手還是一名普通大眾，科學的營養膳食對健康的影響是很重要的。也就是說，吃各種各樣的食品以獲取平衡的營養是合理的膳食的根本。偏食只會給你的健康帶來影響，就好像在比賽時你只會正手擊球而不會其他擊球方式一樣，希望贏得比賽勝利將會成為泡影。

下面所列的就是營養食品的基本組成。

(1)蛋白質

這組食品包括肉類、禽類、魚、雞蛋和硬果等。這些蛋白質食品富含維生素B、鐵和鋅，對肌肉組織的生長和修復起很大的作用。

(2)碳水化合物

這組食品包括麵包、麥片粥、米飯和通心麵等。這些食品含有足夠的熱量，為你長時間的運動所消耗的體能充電。

(3)乳製品

這些食品可為身體提供蛋白質、鈣、維生素和礦物質，有效地保護你的骨骼和肌肉。

(4)蔬　菜

這組食品很重要，因為它為你的身體提供維生素和礦物質。要想身體健康，它們是必不可少的。蔬菜能在體內產生酶和激素，以此來保護身體免受傳染和疾病的傷害。

(5)水　果

這組食品為你身體提供維生素和纖維，而這些正是體內正常運轉所必需的元素。

比賽營養補給

(1)賽前飲食

賽前2～3個小時吃飯，需吃足夠的碳水化合物食品，這樣，食物可以被消化，熱量儲存在體內。充足的水分不會使你熱量枯竭，而且還會把營養送達你的肌肉，使肌肉在運動中充分發揮作用。

(2)賽中補充

利用換場地的間隙，保證喝足夠的水，吃水果和葡萄糖片劑來補充水分和能量。要考慮用運動飲料來補充失去的電解質。富含熱量的巧克力深受廣大網球人士的歡迎。

香蕉含有鉀、維生素A和纖維，一根香蕉大約有420焦耳熱量。賽中的食品應該是易消化的、含脂肪少的、吃起來很方便的。

(3)賽後補給

要多喝水以補充失去的水分，水能夠把營養送達肌肉中，使肌肉消除疲勞。碳水化合物也參與其中，促進糖的生成，使肌肉得以緩解。少量的蛋白質如雞、魚、肉、蛋等，對恢復肌肉的疲勞也是不可缺少的。

總之，偏食和過多、過大劑量的膳食，實際上對你的健康是有害而無益的。平時就要注意科學的營養搭配，在日常飲食生活習慣上要考慮營養補給問題，或者諮詢一下營養專家。

4.2.2 網球運動與減肥效果

隨著生活水準的提高，減肥在當今日常生活中是比較關注和敏感的話題。那麼，網球運動能減肥嗎？我們常說，網球是用腳打球的。這是因為在網球場上需要快速地移動和不斷地跑動來回擊對方的來球。由於網球運動是在有氧狀態下進行的，其消耗的能量主要是由脂肪提供的，這一點與長時間慢跑非常相似。

據有關資料統計，從事網球運動的人，在每次進行兩個小時的網球練習中，包括打球跑動和撿球的移動，跑動的距離可達5000公尺之多。當然，每個人的現狀和水準不同，有的跑得多一點，有的跑得少一些，但是只要是在網球場，就會不斷地跑動，不斷地進行著脂肪消耗。

有意思的是，通常進行了一兩個小時網球活動之後都不會感覺到太累。因而網球運動強度可以根據自身的身體狀況自己把握和調整。

從這個意義上來說，網球運動就是跑步。跑步能使你健康，跑步能使你健美。針對打網球來減肥的球友注意，必須遵守循序漸進的原則，適當控制運動量，堅持不懈，持之以恆，才能有效而健康地進行身體練習。網球減肥應根據每個人的身體狀況、技術水準合理安排。

日程安排

① 網球場上活動時，應安排適當的練習內容，控制好有效的運動量和運動強度。

② 堅持適宜的時間上場練習。

③ 確定每週固定的練習時間和次數，每週3～4次，並持之以恆。

④ 一般堅持練習1～2個月後，體重會有明顯減輕，但以後減肥速度會緩慢下降。這時，一定要繼續練習，同時不可加大運動量。

⑤ 練習過程中，要對一些特殊情況分析處理，適當調整運動量和運動強度，有效地保證形體向健康方面發展。

4.2.3　網球運動的健身效果

1) 促進人體機能的全面發展

我們知道，打網球需要對來球的弧度、速度作出準確的判斷，並聯想到落點，然後做相應的移動或跑動，在揮

拍回擊的瞬間，還要根據對方的位置、身體姿勢、可能做出的反應等來決定自己的擊球動作和方向，這一系列的行動都是在大腦的指揮下在瞬間完成的。經常打網球可使神經系統的靈活性和持久性得到很大的提高，能使我們保持充沛的精力，增強記憶力，提高工作、學習效率。

① 經常從事網球運動，對運動系統能起積極的促進作用。打網球可以使骨骼的新陳代謝加強，骨骼的血液循環得到改善，使骨骼更加粗壯、堅固。打網球可以使肌纖維變粗，肌肉變得更加粗壯、結實，力量增強，肌肉的工作能力加強，反應迅速、準確、協調。經常打網球可使關節更加靈活，能承受更大的負荷，關節活動的幅度加大，身體動作更加舒展。

② 經常打網球使得循環系統的機能得到改善，使心臟得到較好的鍛鍊，收縮力加強，改善了心肌供血機能，血液輸出量大大提高，心臟跳動頻率減慢，同時也使血管保持有良好的彈性。

③ 打網球可以改善呼吸系統的功能。首先參加網球活動需要在場上不斷地奔跑，促使呼吸加快，鍛鍊了呼吸

肌，使呼吸動作的幅度加大，這樣就能保證有更多的空氣在體內進行交換，身體就可以承受更大的負荷。其次是肺活量增大，肺活量可比一般人多1000毫升左右。再次是呼吸深度提高，頻率減慢，一般正常人每分鐘呼吸12～18次，經常打網球的人呼吸深而慢，每分鐘可以減少到8～12次，深而慢的呼吸可以

使呼吸肌得到更多時間的休息,工作持久而不易疲勞。

2)調劑情緒,振奮精神

打網球一般都在室外進行,經過一天的緊張工作和學習,身體與精神都會感到有些疲勞,這時如果去參加網球活動,展現在我們面前的往往是一幅自然畫卷。當我們站在網球場上時,猶如投身在廣闊的天地之中,既有搏擊天空的豪情,又有心曠神怡的自由之感,在這種優美的環境中打網球心情自然舒暢。再者,網球運動的活動內容豐富多彩,時而底線對底線對攻,時而上網截擊,跑、拋、移動、揮拍等各項運動集於一體,參加者的情、意、行等身心要素可滲透到每一個動作之中。

馬克思曾經說過:「一種美好的心情,比十服良藥更能解除生理上的疲憊和痛楚。」可見保持心情愉快、精神舒暢對消除身體和精神上的疲勞是何等重要。

3)使中老年人延年益壽

人的衰老、死亡是不可抗拒的,但是推遲衰老、延年益壽卻是可以爭取的。正如美國運動生理學教授莫爾豪斯所說:「雖然人的歲數是一定的,但生理上的歲數卻有30年的出入。假如你現年50歲,你的外表和身體內部的機能可以像65歲的人,也可以像35歲的人,這完全在你自己。缺少活動的生活是一種慢性自殺,正確的健身運動可以增加壽命。」

參加網球運動能使人推遲衰老、延長壽命。例如88歲高齡的萬里,他長期堅持「一動」「一靜」政策。「一

141

動」就是打網球，活動四肢，保持血脈暢通；「一靜」就是打橋牌，鍛鍊頭腦預防老年癡呆。如今他還是每週進行4次網球鍛鍊，3次橋牌活動。正因如此，一大批老先生離退休後，都活躍在網球場，網球運動能改善神經、呼吸、循環等系統的功能，並使機體的各器官保持生命力，這必然對中老年人的常見病有預防功效。

打網球多在露天環境中進行，空氣清新、宜人，心情輕鬆、愉快，很容易消除中老年人的惑年之感，忘掉年齡而回到年輕時代。經常打網球可使人變得靈活、敏捷、矯健，富有生氣。

142

> 美國網球聯合會的格言是：網球是終身的運動項目。

4.2.4 網球運動損傷及其預防

1）網球肘

網球肘學名為「肱骨外上踝炎」，因多見於網球運動員而得名。這是最常見的一種網球運動員損傷，它源於錯誤的揮拍而不是過度使用。其因手掌向上，向後彎曲手腕的動作，使肘部的肌肉和肌腱變得紅腫發炎。反手球出擊過晚，或者發球時扭轉手腕加上一些旋轉，這些都可能引起網球肘。

為預防起見，應加強腕、肩部力量訓練，防止前臂肌肉疲勞積累，做好準備活動及練習後的放鬆，提高肌肉的反應機能，正確掌握「反手」擊球技術，早期發現疼痛，

應及時治療。

　　儘量多戴一點肘部護具，這些護具能有效緩衝肌腱所受的震動。建議傷者打完球後，至少冷敷肘部10～15分鐘。情況嚴重的時候，應好好休息。

> 　　試試換一把合成材料（含有高碳、石墨、鈦等成分）製成的球拍，因為這些物質能把傳到肘部的震動降低到最低程度。

143

2）扭　腳

　　網球場上最常見的一種損傷，就是扭腳。在網球運動中，前後、左右的跑動，以及快速起動和急停十分頻繁，踝關節扭傷就成為一種常見的損傷。如果壓力超過關節移動範圍時，就會傷及韌帶。一旦扭傷，首先要控制關節內充血，即抬高關節，並立即冷敷。如果特別嚴重，應及時送往醫院診查。

　　認真做好熱身活動，上場打球時應由近到遠，由慢到快，運動強度逐漸加大。平時應注意腳踝周圍肌肉力量的練習，踝關節的柔韌性練習。加強安全意識，不要在疲勞狀態下打球，不做危險動作。

> 　　要穿合適的網球鞋打球，網球鞋應輕便、舒適、大小合適、有彈性，並與場地相適應。有經濟條件的，可考慮名牌網球鞋。

3）大腿後部肌肉拉傷

大腿後部的肌肉有助跑作用。當伸展過度，譬如奔跑救球時，此處肌肉有可能拉傷，你會感到肌肉裏劇烈的疼痛，大腿也可能會腫起來。

此時你需要休息、冷敷和適當按摩。休息時間的長短取決於拉傷的程度，疼痛消失後才能開始訓練。

為避免腿部肌肉拉傷，打球前多做伸展、壓腿、身體前屈，以手觸腳練習。

144

4）肩周損傷

如果你覺得肩前部或者上臂外部疼痛，那可能是因為發球或打高球時肩周肌肉扭傷引起的。此傷的最好治療方法是力量訓練，只有加強了肌肉的力量，才能保證肩膀牢固不錯位，肌腱不會輕易發炎或出問題。

鍛鍊方法可採用：大臂環繞、反環繞、上舉、側舉和彎腰側舉等，也可以雙手持網球拍來做。

5）膝關節扭傷

網球運動需要很多是方向上的急速變換、旋轉、停止、起動等動作，它常常會引起膝部軟骨和韌帶的損傷。

對這種傷痛可以採取冷敷、抬高膝部、適當按摩以及

休息等治療方法。

有膝傷必須馬上看醫生，如不及時加以治療會迅速惡化，因此膝傷是忽視不得的。

6）起水疱

握拍手和雙腳都有可能會起水疱。一般初學網球時，有些人總會磨出水疱。手起水疱的主要原因是：一是手握力較差，手掌皮膚較細嫩；二是不能有效擊球而使球拍被動轉動，增加了手掌皮膚與拍柄的轉動摩擦，從而產生了水疱。

平時要不斷加強練習，增加手掌與球拍摩擦部位的皮膚厚度，讓其生成「繭」。

選擇拍柄合適的球拍打球，柄皮要軟，要有吸汗和減震的作用。穿不易打滑的球鞋和襪，避免腳和襪子發生摩擦。

7）預防與處置

熱身	靜態伸展	伸展練習
	提高活動性的動態伸展	原地彈跳、倒跑
	提高速度的伸展	短距離衝刺
冷身	小運動量快走	
	靜態伸展	原地伸展

145

續表

扭傷	冷卻 固定 把扭傷的部位置於比心臟高的位置	冰塊冷卻 繃帶包紮或毛巾包紮等防止內出血
抽筋	向反方向伸展 用力拍打或抓肌肉施加刺激 肌肉柔軟後便輕輕撫摩，放鬆肌肉	不能揉
中暑	坐在涼爽的地方 冰塊冷卻和補給水分 把與人體體液相近的養分構成的運動飲料加水稀釋成濃度為原來的一半餵食	要通風 從身體內部、外部降溫 效果同打點滴

146

4.3　實踐參謀台

4.3.1　世界知名網球拍

品　牌	英　文	產　地	標　誌
鄭祿普	DUNLOP	英　國	
百寶利	BABOLAT	法　國	

續表

品 牌	英 文	產 地	標 誌
海 德	HEAD	奧地利	HEAD
王 子	PRINCE	美 國	prince
沃 科	VOIKI	德 國	völkl
菲 舍	FISCHER	奧地利	FISCHER
肯尼士	KENNEX	台 灣	PROKENNEX
尤尼克斯	YONEX	日 本	YONEX
斯奈辛格	SLAZENGER	英 國	Slazenger
斯伯汀	SPALDING	台 灣	SPALDING SPORTS
維爾勝	WILSON	美 國	W
波 力	BONNY	台 灣	Bonny
領 導	LEADER	中 國	LEADER

147

4.3.2 辨別球拍仿冒方法

　　一般有品牌的新型球拍或明星選手拿的球拍，因為其時尚且價位較高又熱門，只要價差夠，且有利可圖就容易被仿冒，像Wilson、Prince、Head等就為仿冒球拍的主要對象。而在球拍類型中，又以握把設計是傳統PU或一體成型的最容易被仿冒，而明星球員所拿的球拍在握把設計上大多是傳統的PU握把，所以仿冒起來並不困難，只要找支類似的粗胚模，再上相同的色漆及標誌，就可做出拍身外觀幾乎一模一樣的球拍了。如某品牌的Hammer系列因球拍好打，又是一體成型的球拍，所以仿冒起來也很容易。

　　要辨別真假品牌並不困難，一般要注意是否有鐳射標籤，像Wilson、Prince、Head、Kennex等一般都有鐳射標籤，以及代理商的保證書。如今市面上還是有冒牌和水貨的網球拍，這就要注意鐳射標籤編號或握把柄皮以及後面部位的商標和品牌標誌等。同時還要注意整支球拍標誌的完整性。

　　仿冒的球拍未經過品管檢驗就可以上市，所以在外觀上多少會有一些瑕疵，但要仔細看才看得出來，如色漆上可能會有氣泡、顆粒等瑕疵。在正規廠家，只要是品管上有品牌的球拍對這種外觀瑕疵的球拍是不予以上市和接受的。當然，仿拍也會有較小比例在色漆上沒有瑕疵的球拍，但要睜大你的眼睛。

　　另外，在一些握把柄皮、後蓋等配件上卻不易找到與真拍完全相一致的配件，有的廠商懶得去完全仿冒，因為大多數人也不會注意到這些。有品牌的球拍為了突出品牌

效應，大多是從頭到尾將可以印上品牌或商標的地方都印上商標，當然柄皮、後蓋也不例外，有穿線的球拍也會有網線印字。

仿冒球拍往往只會在外觀和外形上做仿冒。但正規品牌的球拍重量平衡會完全在標示範圍內，而平衡拍頭輕重的球拍在握把內部幾乎都加有鉛塊來抓平衡，而仿冒的球拍大多不抓平衡，握把沒有加鉛塊的地方，所以較輕，用手在1／2處做支點，平衡就會跑向頭部或拍框裏去了，這樣搞不好有些人還會覺得好打，反而會覺得拿正品的球拍不好打了。

仁者見仁，智者見智。反正買球拍就跟我們一般買家電或休閒運動用品一樣，稍微注意一下標誌和品質，不要貪小便宜，就應該可買到貨真價實的產品了。以上建議僅供參考。

4.3.3　網球拍選擇與保養

每一位從事網球運動的人，都希望自己有一隻使用起來非常順手的球拍。除了重量、手感都要適合於自己的需要外，款式、品牌、價格也必須稱心如意。

那麼，初學網球的人怎樣才能買到自己喜愛的球拍，如何去選擇球拍便成為許多網球人關心的問題。

1）選擇建議

初學者選購球拍，儘量不要購買鋁合金球拍和木質球拍，早期的木、鋁球拍現在大多已成為古董。但鋁合金球拍在市面上還是能看得到，且價格也很低，不過鋁合金球拍因重量較重，彈性、避震效果較差。

目前網球拍的主流是以碳纖維為主的複合材料，球拍輕且避震效果好，也不易造成運動傷害，低價位的碳纖維球拍也有，但一般來說還是比鋁拍貴些。

初學者的選購球拍，一般所考慮的是學習因素及價格因素，為了使初學者能在練球時不易受傷，增加對網球的興趣，建議大家購買一些好打的拍子，也就是球拍較輕、手感較好、擊球區較大、容易上手的球拍。

2）選擇方法

（1）方法1

① 如果你屬於休閒型的，以鍛鍊身體或嘗試接觸網球運動為目的者，可選擇一些較輕的球拍，使你易於建立基礎。

② 如果你已有網球基礎，有意要打好網球，那最好選一支較重的球拍，因為越重的球拍承接力越強，有利於控制。

③ 如果你已達到中等水準，重量對提高球手的水準來說尤為重要，因為球手已經具有技術動作，再向速度、深度、旋轉度方面發展，輕的球拍已經幫不了忙了，越重的球拍就越利於球手加力以達到得分的效果，而且帶來更佳的穩定性，減少受傷的機會。

選擇一支適合自己的球拍需考慮：
打球的目的、揮拍的方式、球拍的感覺、打球的風格、自身的力量和資金的到位。

(2)方法2

① 根據球手的身高、體形和體能考慮。如果是身材高大、健壯、體能好的球手，建議使用拍身較軟、彈性較小的球拍，因為它們能夠完成幅度大、速度快的揮拍動作。

② 如果是身材較瘦小、體能較差的球手，則適合使用拍身較硬、彈性較大的球拍，這樣無須太大動作它們的擊球就能獲得足夠的威力和深度。

③ 最後，如果你還不能確定球拍屬於哪種類型的話，那麼你可以嘗試中幅型的球拍。只有真正接觸網球運動後，才會逐漸發現自己需要什麼樣的球拍，因為你已有了經驗。

(3)方法3

① 若要打旋轉球，可選擇拍框厚度較薄的，這樣易打出旋轉球來。

② 底線型球手可選擇球拍平衡頭重的；而截擊可選擇平衡頭輕的。

③ 若要增加攻擊力，則可選擇小拍面或加長型的球拍，或平衡頭較重的球拍。

④ 若要增加靈活性可選擇小拍面或平衡頭輕的球拍。

⑤ 擊球老是差一點才到甜心區或習慣雙手反拍，則可選擇加長型的球拍。

⑥ 若要接超重球、超快球，就要選一支重量不輕的球拍才能穩得住。

⑦ 若要避震效果好，減少對運動的傷害，可選大拍面

或材質、握把設計經過消震處理的球拍。

⑧ 若是揮拍動作較大屬底線型，就可選擇較軟，球拍材質配方較有彈性或球拍厚度較薄的球拍；揮拍動作較小則可選擇較硬或拍框較厚的球拍。

⑨ 若崇拜某位大牌球星或想學習他（她）的打法，就買該球星所使用的型號球拍。

⑩ 若想配你的漂亮網球服、網球鞋，就注意一下球拍的色漆、式樣與你著裝的搭配。

球拍重量（克／支）

輕	中　等	重
280～300	300～320	320～335
初學者	有基礎	中等以上水準

3）球拍的技術數據

(1)拍　面

特點：

① 大幅拍面：有效擊球面積較大，彈性較好，容易學，適用於初學者、女性及年紀稍大者，也利於上網截擊。缺點是缺少速度，揮拍時阻力較大。

② 中幅拍面：擊球較有力，球速較快，擊球點好控制，同時能兼顧上網截擊，利於底線抽擊，適合中高級選手及年輕球員使用。缺點是有效擊球面積較小，擊球稍偏時回擊受影響。

③小幅拍面：甜心區極小，打出去的球特別狠，靈活性好，利於底線抽擊。但拍頭較小，有效面積小，不易打到球。現較少有人採用。

拍面（平方英寸）

大幅拍面	中幅拍面	小幅拍面
＞105	95～105	＜94
初學者	有基礎	中等以上水平

（注：1平方英寸約合6.45×10⁻⁴平方公尺）

(2)拍 柄

確定拍柄方法：

①手的拇指與中指環繞拍把後，拇指尖與中指的第一關節可以相接。

②量手掌長度，將握拍手的四指併攏並充分伸直，然後用板尺丈量從掌心到無名指指尖的距離，所得的長度就是適合自己使用的拍把尺寸。

拍柄把號及尺寸

把號（美式）	英寸（歐式）	毫米（中式）
2	4.25	108
3	4.375	111
4	4.5	114
5	4.625	117
6	4.75	120
7	4.875	123

參考意見：
- ☑ 女士或矮個男士可選4.375英寸（111毫米）。
- ☑ 男士或高大女士可選4.5英寸（114毫米）。
- ☑ 手大者可選4.625英寸（117毫米）。

(3) 震盪指數

震盪指數是表示球拍擊球時拍子對振動的消除能力，分為1～10級，指數越高說明消除振動的性能越好。

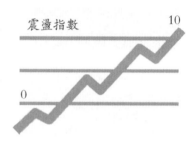

(4) 硬度指數

硬度指數是表示擊球者對球拍的感覺，分1～10級，1～5級是軟性球拍，6～10級為硬性球拍。指數越高表示球

材　　料	硬　度	強　度	消　震
超剛性碳纖維	10	10	5
鈦	2.5	2.5	3
高張力碳纖維	8	7	4
克維拉纖維	2	10	7
碳纖維	5	8	4
玻璃纖維	1	6	4
高黏性碳料聚合物	3	8	8
鋁	2	4	1
木	1	1	10

拍能提供更好的穩定性和更大的力量。但是,過高的數據、過硬的球拍會加重網球肘的症狀。

(5) 扭轉抗力

扭轉抗力指當球擊在拍框附近時球拍的扭曲程度,指數越高說明球拍的質量越好,球拍在手中轉動的可能性越小。

(6) 最佳擊球區

最佳擊球區分1～10級,指數越大,說明在該區擊球感覺良好的球員越多。

155

(7) 甜心區

簡單地說,甜心區就是球拍面的有效擊球區。用甜心區擊球能給你足夠的威力和紮實的控球性。當你用甜心區擊球,你就會感覺很舒適,有很小的震盪與震動。如果以科學的觀點來看,甜心區就是拍面上能回饋40%以上的球速點,例如以時速每小時100千公尺的速度飛來,你打出去的球速能達到每小時40千公尺以上時,該擊球點就是在甜心區範圍內。

從以前的傳統木拍發展到鋁合金球拍、碳纖維球拍、超剛性碳纖維球拍,大拍面,寬邊,大榔頭,威力線孔等球拍,每經過一次的革命,甜心區的面積就擴大一些。 甜心區裏又有一個最佳手感點和一個最強彈力點。

4）球拍材質

製造網球拍的材料有木質、鋁合金、碳纖維等多種材質。目前市場上由碳纖維製成的球拍幾乎佔領了網球拍市場，它輕、耐用、彈性好。隨著高科技的發展，製造商也將現代高科技材料用於製造網球拍，如在拍中加入少量的玻璃纖維、硼、石墨、凱夫勒、瓷料、鈦、奈米等材料。不管加了什麼，只是極少的成分而已，可以說在相當一段時期內，碳纖維已經使球拍無法在材質方面出現更大的變革。

材　料	硬　度	彈　性	適用於
石墨	較硬	一般	中等力量型
瓷	非常硬	差	強力型
硼	極硬	差	技術型
玻璃纖維	不硬	較好	全面型
鈦合金	硬	適中	全面型

性價比：

①碳纖維裏加玻璃纖維是為了降低球拍的造價，球拍的硬度會由此而降低，但重量不會減輕。

②碳纖維裏加硼是為了增加球拍硬度，因為硼比碳材料貴，所以球拍會賣得貴一些。

③在碳纖維裏加凱夫勒則能增加球拍的韌性，它也同樣會引起球拍價格的上漲。

④在碳纖維裏加鈦合金能減輕球拍的重量，增加球拍的硬度。

⑤ 在碳纖維裏加入最新的超剛性碳纖維可以大幅度降低球拍的重量，達到空拍僅重220克，揮拍更快，上網更自如，但球拍價格會更貴。

5）球拍平衡點

首先你量一下你的球拍，在1/2處就是球拍的平衡點，然後把球拍水平置於椅背上，椅背正對平衡點。這時，球拍往拍頭方向下垂就是頭重；球拍往拍把方向下垂就是頭輕；如果球拍能保持水平就是平衡。

用途：

① 重的球拍適合於底線對打，底線型球員在單打時用著方便。

② 輕的球拍適合於網前截擊，上網型和雙打球員多用此拍。

③ 攻守兼備的全能型球員一般用較平衡的球拍。

6）拍 弦

目前拍弦市場上，一般有三種型號：15號、16號、17號。每一種型號表示一種拍弦的直徑，型號越大，拍弦越細，重量越輕。

有時候，拍弦上還有附加符號「L」，如15L、16L、17L。以16L為例，它表示這根弦比16號弦細，比17號弦粗，介於16號和17號弦之間，也可認為是16號半弦。

用途：

① 細弦球感較好，但不耐用；粗弦雖然耐磨，但擊球時，球的飛行距離較短，擊球的感覺較遲鈍。

②如果你喜歡打旋轉球，或者喜歡發球上網，或者你力量不強，那麼選用細的拍弦比較合適。

③如果你是打底線落地型球員，或者是主動發力暴打型的球員，則建議你選用較粗的拍弦。

7）網球拍的保養方法

1	不要受壓	鋁或合成纖維球拍平置不容易變形，但若有重物壓著它，會導致變形彎曲，甚至產生裂痕。
2	不要曝曬	在烈日下曝曬過久，會使球拍膨脹、變形，容易斷裂。
3	不要受潮	手柄和網線對潮濕非常敏感。人手上的汗液分泌物含有複雜的成分，手柄皮套上的汗液如果不能得到及時清理，就會導致異味和黴爛。包纏手柄的吸汗布要經常洗滌、更換。
4	不要長期閒置	球拍長時間不使用，網線就會因老化而失去彈性，易折易斷。打完球後一定要擦拭乾淨，放在球拍套中，最好以懸掛方式放置。

4.3.4 個人網球水準的評價標準

無論你是網球初學者，還是有一定水準的網球高手，你都有必要瞭解網球技術的分級標準，並以此作為對照，定下你今後的技術目標。以下介紹的是美國網球分級標準（NTRP）網球技術等級表：

158

積分	技術目標	等級
1.0	網球初學者，剛剛開始學習網球，能擊到球。	1
1.5	經驗有限，仍在努力使球維持在場內。	1.5
2.0	有很明顯的打球弱點，但是已熟悉了基本單打和雙打的位置。	2
2.5	仍在學習判斷球的去向，球場的防守尚弱。可以和同程度的球員做短暫的慢速對打。	2.5
3.0	可以相當穩定地打出中等速度的球，但對各種的擊球仍無法自在地運用，並且在方向、深度與力量上都缺乏控制性。	3
3.5	擊球的穩定性已提升，對於中速的球能控制方向，但擊球時仍然缺乏深度與變化。	3.5
4.0	擁有可靠的擊球動作，包括在打出中速度的正、反拍時皆能有方向的控制與深度，加上有使用挑高球、高壓扣殺球、上網近逼球和截擊的能力，並且皆能有一些成功。	4
4.5	開始能夠駕馭力量，運用旋轉，並開始能夠應付球速，有良好的步法，可以控制擊球的深度，並且在面對不同的對手時，開始有改變作戰策略的能力，可以打出具有力量與準確性的第一發球，並且第二發球能夠打在所要的位置。	4.5
5.0	擁有良好的預測力，並且可以經常打出很傑出的好球，或有極佳的穩定性並可以經常打出致勝球，在處理對手打來的短球時能經常讓對手犯下被迫性失誤，並且能截殺對手的截擊球，還能成功地打出挑高球、放小球、半截擊球和高壓扣球，並且大部分的第二發球具有良好的深度與旋轉。	5

159

續表

積分	技術目標	等級
5.5	已經將力量或耐力培養成主要的武器。能在正式的比賽中改變戰略或打球風格,並在備受壓力的情況下打出可靠的球。	5.5
6.0	一般而言已經不需要NTRP的評分等級。已具有地區或全國性的排名。	6
6.5	球員有廣泛的衛星賽經驗。	6.5
7.0	職業網球選手,球員能以比賽的獎金謀生。	7

ㄅ 裁判與規則

161

切記享受：

享受每一次進步的自豪。

享受每一次打斷拍弦的成就感。

5.1　網球競賽規則

　　網球比賽時，雙方球員應各自站在球網的一邊，先發球的球員叫發球員，另一邊的球員叫接發球員。規則對發球員的位置有所限制，而接發球員可以站在自己場地一側任何合適的位置上。球網不屬於任何一方，但在球拍、身體、衣服、鞋襪等觸網時為失分。發球員和接發球員在每一局結束後都要交換發球權。

　　【規則1】通常的網球比賽是用挑邊器或拋硬幣的方法決定選擇場地或首先發球權、接發球權，得勝者有權選擇或要求對方選擇。選擇發球或接發球者，應讓對方選擇場地；選擇場地者，應讓對方選擇發球或接發球。

挑邊有四種選擇：
☑ 選擇發球。　　　☑ 選擇接球。
☑ 選擇場地。　　　☑ 放棄選擇。

　　【規則2】網球比賽的記分方法：
　　① **勝一局**：比賽中球員每勝 1 球即得 1 分，記分15，勝第二分記分30，勝第 3 分記分40，先勝 4 分者為勝 1 局。如遇雙方各得 3 分時，則為「平分」。「平分」後，某一方先得 1 分，為「該球員佔先」，「佔先」後再得 1 分，才算勝 1 局。如一方「佔先」後，對方又得 1 分，則仍為「平分」。依此類推，直到一方在「平分」後淨勝 2 分才為勝該局。
　　② **勝一盤**：一方先勝 6 局為勝一盤。但遇雙方各勝 5

局時，一方必須淨勝兩局才為勝1盤，也就是 7：5。如果是雙方的局數打到 6：6，就要以決勝局定勝負。

> 15分的由來：
>
> 以15為單元的記分方法始於中世紀，整個一局的總數為60，60均等地分為四級，每級15分，其中40是45的節略。在古代60這個數字具有特殊的意義，如60度為一個圓的1／6，60分鐘為1小時，60秒為1分鐘。當雙方各得40分叫丟司，Deuce這個詞來自法文Deux，表示要取勝必須連得2分。

③ **決勝局比賽的記分方法有兩種**：一種是長盤方法，就是某一方必須淨勝兩局才為勝該盤；另一種是短盤方法，就是雙方再賽 1 局，勝者即為勝該盤。賽前另有規定的可以採用其他記分方式。

④ **短盤制應按以下辦法執行**：先得 7 分者為勝該局及該盤（若分數為 6 平時，一方須淨勝 2 分）。決勝局的比賽，首先由發球員發第一分球，然後由對方發第二、三分球，此後輪流各發 2 分球直至比賽結束。第一分球發球員在右區發，換對方發第二分球時，先在左區發，第三分球在右區發。雙方得分之和為 6 以及決勝局結束都要交換場地。短盤制的記分：第一分球得分，報1：0 或 0：1，不報15：0 或 0：15。比分打到 5：5 或 6：6 時，需連勝兩分才能決定誰為勝方，但最後在記分表上則統一寫成 7：6。

⑤ **勝一場**：一場比賽男子最多打 5 盤，5 盤 3 勝制，比賽雙方中先勝 3 盤者為勝一場。女子最多打 3 盤，3 盤

2 勝制。比賽雙方中先勝 2 盤者為勝一場。

【規則3】發球員發球應按下列方法將球發出，發球員在發球前應先站在端線後中點和邊線的假定延長線之間的區域裏，然後用手將球向空中任何方向拋起，在球接觸地面以前用球拍擊球，球拍與球接觸時就算完成球的發送。

如果第一次發球失誤，第二次發球也失誤了，則判為二次發球失誤，發球員失分。

發球時，發球員在整個發球動作中不得通過行走或跑動改變原先站的位置。

【規則4】發球員的位置：

① 每局開始，發球員應先從右區端線後發球，得或失1分後，再換到左區發球。如果發球位置錯誤而未察覺，比分仍然有效，一旦發現，應立即糾正。

② 發出的球應從網上越過，落到對角的對方發球區內，或其周圍的線上。如果發出的球在落地前被接球員擊打，判接球員失誤。除發球之外，雙方對打時都可以直接對擊。

一場比賽		一盤	一局	搶7分
五盤制(男子)	三盤制(女子)	第一局	0分→Love	1分→One
第一盤	第一盤	第二局	1分→15	2分→Two
第二盤	第二盤	第三局	2分→30	3分→Three
第三盤	第三盤	第四局	3分→40	4分→Four
第四盤		第五局	3比3→平分	5分→Five
第五盤		第六局	平分後勝1分→佔先	6分→Six
				7分→Seven

【規則5】發球時發生下列任何一種情況，均為失誤。

① 球員違反了規則 4 的規定。

② 未擊中球。如果發球員向上拋球，又不準備擊球而用手將球接住，不算失誤。

③ 發出的球，在落地前觸及固定物。

④ 第二次發球。發球員第一次發球失誤後，應在原發球位置進行第二次發球。如第一次發球失誤後，發覺發球位置錯誤時，應按規則改在另一區發球，但只能再發一次球。

⑤ 腳誤。發球員在整個發球動作中，腳沒有按規則 3 站位。

【規則6】發球觸網後仍落在對方發球區內，接球員未做好接球準備，均判發球無效，應重發球。

【規則7】每一局比賽終了，均應交換發球權，直至比賽結束。

【規則8】重發球和重賽：凡根據規則必須重發球或比賽受到干擾時，裁判員應呼叫「重發球」。宣佈發球無效時，僅該球不算，重發球。其他情況下，如比賽時其他球進入場地、在對打中球突然壞了、裁判員報分失誤等都要重賽。

【規則9】阻礙擊球：一方的舉動妨礙另一方擊球時，該舉動若屬故意，判失分，若是無意則判該分重賽。

【規則10】球觸固定物：擊出的球落到對方場區地面後又觸及固定物（球網、網柱、繩或鋼絲繩、中心帶，網邊白布除外）時，判擊球者得分；球在落地前觸及固定物，判對方得分。

【規則11】交換場地：雙方應在每盤的1、3、5、7、9

等單數局結束後，以及每盤結束雙方局數之和為單數時，交換場地。

【規則12】失分：發生下列任何一種情況，均判失分。

① 在球第二次著地前未能還擊過網。

② 還擊的球觸及對方場區界線以外的地面、固定物或其他物件。

③ 還擊空中球失敗。

④ 故意用球拍觸球超過一次。

⑤ 運動員的身體、球拍在「活球」期間觸網。

⑥ 過網擊球。

⑦ 拋拍擊球。

三級處罰制：
● 第1次違例→警告。
● 第2次違例→罰分。
● 第3次違例→取消比賽資格。

【規則13】壓線球：落線上上的球都算界內球。

【規則14】「活球」期：自球發出起（除失誤或重發外），至該分勝負判定時止，為「活球」期。對於明顯的出界球，無論球員在場內還是在場外，只要接觸到在空中的仍處於「活球」期的球，均判其失分。

【規則15】雙打比賽的發球次序：每盤第一局開始時，由發球方決定由何人首先發球。對方則同樣地在第二局開始時，決定由何人首先發球。第三局由第一局發球方的另一球員發球，第四局由第二局發球方的另一球員發球。以下各局均按此次序發球。發球次序錯誤，應在發覺

時立即糾正，但已得、失的分數都有效。

【規則16】雙打接發球次序：先接球的一方，應在第一局開始時，決定何人先接發球，並在這盤單數局中始終先接發球。對方同樣應在第二局開始時，決定何人先接發球，並在這盤雙數局始終先接發球。他們的同伴應在每局中輪流接發球。接球次序錯誤發覺後仍按已錯誤的次序進行，等到下一接發球局再糾正。

【規則17】雙打還擊：接發球後，雙方應輪流由其中任何一名隊員還擊。如球員在其同隊隊員擊球後，再次以球拍觸球，則判對方得分。

【規則18】連續比賽和休息時間：從第一次發球開始，到全場結束，比賽應按下列規定連續進行。

① 第一次發球失誤，發球員必須毫不猶豫地開始第二次發球，接球員必須同時準備好接發球。交換場地時，從第一局結束到下一局第一分發球球拍擊球時，最多有 1 分 30 秒的間歇時間。當有外界干擾使比賽無法連續進行時，裁判員可以酌情處理。分與分之間允許間歇時間不得超過 20 秒。

② 不應該為了使運動員能夠恢復力量而暫停、延誤或干擾比賽。如因事故而受傷，裁判員可允許一次暫停（3～5 分鐘）。

③ 若某些情況是運動員不能控制的，如運動員的服裝、鞋或器材（不包括球拍），因料理不當而不能或難以繼續比賽時，裁判員可暫停比賽直到料理好。

④ 男子比賽在第三盤打完之後，女子比賽在第二盤打完之後，雙方球員可以有不到 10 分鐘的休息時間。如比賽

被暫停到第二天才能恢復,則在第二天打完第三盤(女子打完第二盤)之後才有休息權。第一天未打完的一盤作一盤計算。

⑤錦標賽的委員會有權決定給運動員做準備活動的時間,但不可超過 5 分鐘,並且必須在比賽開始前宣佈。運動員違反了比賽應連續進行的原則,裁判員在發出警告後,有權取消犯規運動員的比賽資格。

英文表示:
● 「A」→發球直接得分。
● 「D」→發球雙誤。
● 「C」→違反行為準則。
● 「T」→違反時間準則。

平局決勝制的由來:

網球平局決勝制始於20世紀70年代初期,它的問世是由於網球比賽中的平分與平局現象無休止的延續。根據資料記載,1953 年的溫布頓錦標賽有一盤比賽打過 93 局。1969 年有一盤球打了 100 局(54:49),使得運動員筋疲力盡,觀眾暈頭轉向。鑒於上述情況,20 世紀 70 年代初,首先出現 9 分 5 勝的「立見分曉」制,即局數 6:6 時,第 13 局採用 9 分 5 勝制以決定勝負。經過一段時間的實踐,人們感覺「立見分曉」制充滿僥倖性,於是提出13 分7分勝和沒有「平分」的形式等,經過實踐都不太理想。直到1978年,改為現在世界通用的12 分 7 勝制,也就是我們常說的搶 7。

【規則19】指導：團體比賽中，在交換場地時，可由坐在場內的隊長給以指導，但在決勝局換邊時不得進行指導。在其他比賽時，運動員不能接受指導。裁判員在發出警告後，有權取消犯規運動員的比賽資格。

【規則20】更換新球：一般比賽採用11局結束後更換新球。各項比賽組織委員會有權決定換球時的局數。

附：輪椅網球規則（網球規則適用於輪椅網球，以下幾條例外）

① 准許輪椅網球運動員在球落地跳兩次後再還擊。

② 球第一次彈跳必須落在球場界線之內。

③ 輪椅的兩個後輪必須在端線後方可開始發球。

④ 輪椅是身體的一部分，所有能應用的規則都適用。

169

5.2　裁判員工作職責

1）裁判長職責

① 裁判長應由競賽委員會推選，他必須精通規則，對比賽中的各種情況要能迅速作出決定，並對其所採取的行動負完全責任。

② 裁判長有權指定或更換裁判員、司線員、端線裁判員和司網裁判員。裁判長有權指定比賽場地，有權決定請假運動員在限定日期內比賽。

③ 當裁判員對裁判表示不能裁決時，或當裁判長被要

求對裁判員的裁決作出仲裁時,裁判長可以根據規則條文決定任何得分。

④ 裁判長的決定是最終的決定。當重要比賽或決賽時,裁判長必須親臨現場。但裁判長無權糾正裁判員、司線員、端線裁判員或司網裁判員,應根據實際情況作出判決。

2)主裁判職責

① 主裁判提前30分鐘到場,做好賽前的準備工作。

② 檢查場地、各種設施、網球及運動員服裝是否符合比賽要求。

③ 確認運動員及姓名。

④ 召集雙方運動員挑邊。

⑤ 裁決比賽中發生的一切事實問題,對出現的規則問題主裁判應先作出裁決,運動員可向裁判長申訴,由裁判長作最後裁決。

⑥ 決定場地能否繼續使用。比賽中如因某些原因,如下雨而影響場地使用,主裁判應暫停比賽,並向裁判長彙報情況,經同意方可中斷比賽或改期。主裁判應將中斷比賽的開始時間和分、局、盤等比數及發球方姓名、雙方在場上的位置等記錄下來,並收集所有比賽用球。因光線原因停賽,則應等到該盤的雙數局賽完,或該盤結束。

⑦ 每一分、每一局、每一盤比賽結束,應先宣報比分,再登記在記分表上。賽後主裁判應在記分表上簽字,並交到裁判長處。

⑧ 比賽後,主裁判應向裁判長彙報有關比賽中的情況。

3）司線員職責

① 司線員的職責是報發球失誤和出界，判決他所看管的那條線上的擊球，並有最後決定權。

② 如某一分球司線員不能做決定時，裁判員應予判決，或令這一分球重賽。

③ 司線員接受裁判長和裁判委員會指派，只有裁判長一人有權更換司線員。

④ 司線員應準時到達比賽場地，當宣佈比賽開始時，他應就位。在裁判員許可或另一名司線員替代其職務之前，不得離開崗位。

⑤ 在比賽過程中，不得隨意走動，如因判斷球的落點可移動位置，不得撿球。比賽時眼睛始終要盯住球。

⑥ 司線員的手勢被公認是司線員職責中的一個組成部分，但是手勢絕不能被用來代替宣報，手勢應被看做是第二位的。

5.3　裁判員臨場用語

1）賽前擲挑邊器時用語

① 請挑邊。
② 你要哪一面？
③ 你選發球還是場地？
④ 誰是第一發球員？（在雙打比賽時用）

2）賽前準備活動用語

① 還有一分鐘。

② 停止練習，比賽開始。××發球，準備，開始。

3）宣報比分

① 1 比 0，2 比 3……11 比 9。

② 平分。

③ 發球佔先。（或報佔先姓名或者雙打單位）

④ 接球佔先。（或報佔先姓名或者雙打單位）

⑤ 第×（雙）局完，局數×比×，××領先。

⑥ 第×（單）局完，局數×比×，交換場地，××領先。

⑦ 全場比賽結束，比賽結果 2 比 0，××獲勝。

4）比賽期間用語

① 一次。

② 擦網，重發一次、重發兩次。

③ 雙誤。（直接報分）

④ 重新發球。

⑤ 擊球犯規。

⑥ 失誤。

⑦ 腳誤。

⑧ 出界。

⑨ 兩跳。

⑩ 觸網。

⑪ 穿網。

⑫ 更正。

⑬ 干擾。

⑭ 視線被遮。

⑮ 稍等，暫停一下。

⑯ 重賽。

⑰ ×局結束。

5）混雙用語

① 擊球失誤。（指截擊空中球）

② 發球失誤。（指上手發球者）

③ 兩次擊球。

④ 技術犯規。

173

5.4 程式與記分方法

一場網球比賽應有各種裁判員組成，他們是主裁判1名，司網裁判員1名，司線員若干名。如「四大網球公開賽」臨場執行裁判多達12名，他們各負其責。而一名業餘裁判擔任主裁又該怎樣臨場工作和記錄一場網球比賽呢？下面向大家介紹常用的裁判程式和記分方法。

1）裁判程式

① 接受任務後，準備好用具，填寫好記分表上有關內容。

②上場檢查場地，測量網高，主持挑邊。

③身體坐姿前傾，不可交叉腿，記分表拿在手中。

④先報分，後記分。報分要清楚、響亮，記分要快。用眼睛餘光注視雙方運動員及場上情況，報分時看失球方。

⑤注意場上情況，一旦發生外界干擾，立即叫暫停，不管此時球對哪方有利。

⑥一分開始前，先看接發球方是否準備好，再看發球方是否準備發球，確認接球方已準備好，且場上無意外干擾，再看發球方發球時有無腳誤，直至球被擊出，眼睛隨球看有無擦網，球是否落在界內。

⑦對每分球的判斷應在球落地後 1～3 秒內做出，宣報出界或做好球手勢。3 秒鐘內你未報出界，就認為是界內。

⑧硬地比賽不檢查球印。沙地比賽運動員必須在來回擊球停止該分時才能提出檢查球印的要求。只有在主裁對自己的判斷有懷疑時才下去檢查，不能下去找球印。

⑨改判要及時、果斷，如果由於你的錯判影響了運動員的比賽，應重賽。不可在運動員提出異議後改判，宣報比分後也不能改判。所以在你不能做出正確判斷之前，不要宣判比分。

⑩因天黑、下雨等原因影響比賽，主裁可暫停比賽，但須立即通知裁判長，由裁判長決定是否改期。決定之前，運動員、裁判員均不能離開場地。

⑪發生傷病時通知裁判長，帶領醫生到場。暫停時間按有關規定執行。

⑫比賽結束後記下比賽時間，立即走下裁判椅，收集比賽用球後，立即離開場地，切忌與運動員交談。

⑬ 檢查記分表是否有遺漏，完成後交給裁判長。

2）記分方法

① 記分表要填寫清楚。首先將比賽名稱、雙方姓名包括單位、場地號填寫好。

② 在主裁判的主持下挑邊，選擇場地和首先發球權，根據主裁判的位置，將首先發球的運動員姓名的首寫字母填寫在第一局空格中。第二局填寫對方運動員姓名的首寫字母，方位與第一局相同。第三局的方位改到另一面。第四局同第三局，依此類推，交替進行。根據這一規律，在比賽前可將第一盤各發球局運動員姓名的首寫字母和所在的方位填於空格中。

③ 在局數總計一格中可根據第一局運動員所在的方位，將雙方運動員姓名的首寫字母或單位填於空格中。

④ 在第××盤開始時間的格中填寫本盤開始比賽的時間。

⑤ 比分記在「Point」的下面方格內。上半部為發球方的得分，下半部為接球方的得分。每一分球後，用鉛筆畫一記號。

⑥ 第幾局誰勝，即在局數總計格中填上本方獲勝局數的累積數。

⑦ 在記分表中規定的換球局附近應作一明顯標誌，畫一橫線「一」或「▲」等。

⑧ 當局數為 6：6 時，即進行決勝局的比賽，採用12分 7 勝，即誰勝了該局就勝了該盤。在決勝局一格中填寫雙方運動員姓名的首寫字母或單位，決勝局的記分要用數

175

字表示（如 0、1、2、3、4……）。

⑨ 每盤結束，應迅速填寫結束的時間和局數比。局數比一般表示為：6—4、3—6 或 6—5。

⑩ 以後每盤的記分方法同上。比賽結束，應將獲勝方及盤數比填寫好，如 2：0。決勝局比分應填入括弧內，如 7—6（7—2）。

⑪ 最後主裁判簽字，核對比分後送交裁判長。

> 目前我國使用的得分記號是：
> ☑ 得1分在方框裏畫「/」。
> ☑ 第一次發球失誤，在發球方格內的下部中間畫「‧」。
> ☑ 發球直接得分，對方球拍沒有觸到球畫「A」。
> ☑ 發球雙誤，在接球方的格內寫「D」。
> ☑ 運動員違反行為準則，在對方格內寫「C」。
> ☑ 運動員違反時間準則，在對方格內寫「T」。

5.5 規則執行判例

【例1】發球員要求接球員必須站在場內接球，是否必要？

☺：沒有必要。接球員在自己球場一側，可站在任何位置接球。

【例2】單打比賽中，發球員可以站在端線後、單打邊

線與雙打邊線的假定延長線之間發球嗎？

☺：不可以。

【例3】發球員向上拋球準備發球時，又決定不擊球而將球接住，是否算失誤？

☺：不算失誤。

【例4】發球員發球直接得分，接球員宣稱沒有準備，應重發球，該如何判定？

☺：應判發球方直接得分。除非裁判員確認接球員未作準備，才可判重發球。

【例5】發球時，球拍與球接觸前或接觸瞬間，雙腳離地跳起，是否判腳誤？

☺：不判腳誤。比賽繼續進行。

【例6】比分1：1時，發球員站錯位置在左區發球，得了該分，然後到右區發球，第一次發球失誤後發覺發球位置有誤，先前所得的一分是否有效？應該站在何處發第二球？

☺：原先得分有效，比分應是 2：1。該改站到左區發球，原先失誤有效，只能第二次發球。

【例7】單打比賽在雙打場地上進行，使用了單打支柱，發出的球觸及單打支柱後落入規定的發球區內，是應判失誤還是判重發球？

☺：判失誤。因為單打支柱、雙打支柱以及其間的球網、網邊白布均係固定物。

【例8】甲方運動員還擊失誤，裁判員未判，比賽繼續進行。乙方運動員可否在往返對打結束後，聲稱他（她）應得這一分？

☺：不可以。甲方還擊失誤，但比賽繼續，只要乙方

177

未受妨礙，乙方就不得有此要求。

【例9】發球時，球拍從發球員手中飛出，在球觸地面前觸網，這是一次發球失誤還是發球員失分？

☺：發球員失分。因為是在「活球」期間球拍觸網。

【例10】甲、乙對丙、丁比賽，甲發球給丁，丙在球著地前觸網，然後由於球落在發球區外，判甲發球失誤。試問丙、丁是否應失此分？

☺：判發球失誤是錯誤的。在宣判發球失誤前，丙、丁已經失分。因為在「活球」期間，丙觸網。

【例11】一個向場外飛出的球，觸及網柱或單打支柱而落入對方場區內，是否屬於有效還擊？

☺：如果是發球，不屬有效還擊。如果是回擊來球，則屬有效還擊。

【例12】當球反彈後回過網去，追擊該球的一方過網擊球，但受到對方阻礙未能擊球。應如何判決？

☺：裁判員可判受阻方得分或令該分重賽。

【例13】運動員可否要求將停留在對方場區內的球取走？

☺：可以。但不得在「活球」期間進行。

【例14】一方運動員還擊，球觸及裁判員或裁判椅，他聲稱該球正向場內飛入，應如何判決？

☺：判擊球者失分。

【例15】運動員站在場區外還擊空中球或用手接住球，聲稱他應得此分，因該球明顯出界，可以嗎？

☺：如果他用手接住球，他失分。

☺：如果他擊空中球失誤，他也失分。

☺：如果他還擊空中球為有效還擊，則比賽繼續進行。

【例16】一位觀眾進入場內妨礙了運動員擊球，運動員可否要求該分重賽？

☺：如果裁判員認為運動員擊球時受到他不能控制的情況妨礙，可判重賽。如果是場上固定物或場中安置的物件影響擊球，則不判重賽。

【例17】當球觸及場內靜止的或移動的物體時，是否算好球？

☺：應算好球。如果該靜止物是在活球期間進入場內，應判重賽。如果「活球」期間球觸及在場上滾動的或在球場上空運行的物體，則必須判重賽。

【例18】裁判員判球出界，但某運動員聲稱該球是好球，可否請裁判長作出判斷？

☺：不可以。這是具體發生的事例，即是在特殊情況下實際發生的事例，臨場裁判人員的判定是最後的判定。

【例19】雙打比賽中，發球員的同伴或接球員的同伴是否允許站在妨礙接球員視線的位置上？

☺：可以。發球員的同伴或接球員的同伴可以按其意願站在自己一側球場內或外的任何位置。

【例20】司線員判球出界後，運動員聲稱他的回擊球是好球，裁判員可否改變司線員的判定？

☺：不可以。裁判員決不能因為運動員的抗議或申訴而進行改判。

【例21】甲方運動員挑高球，球觸及球場上空的樹枝，但不影響乙方擊球，乙方將球回擊過去，應如何判定？

☺：球觸及固定物，應判甲方失分。

【例22】如何宣報違反「行為準則」三級處罰。

☺：「××先生/女士，亂擊球，違反了行為準則，給予警告。」

☺：「××先生/女士，使用猥褻語言，違反了行為準則，給予罰分。」

☺：「××先生/女士，摔拍子，違反了行為準則，取消比賽資格。」

【例23】輪椅網球判罰。

☺：如果在「活球」期，球觸及運動員，或他的輪椅，或穿戴和攜帶的任何東西（手中的球拍除外），則判他失分。當球觸及他時，不管他是在球場界線內還是在界線外，均為失分。

☺：發球擊中對方運動員，或他的輪椅，或穿戴和攜帶的任何東西（手中的球拍除外），被擊中的運動員失分。如發球員的發球擊中自己同伴，則為一次失誤。

☺：在發球期間，兩個後輪應在端線後、中點和邊線的假定延長線之間的區域裏，任何一個後輪觸及任何其他區域，則為「輪誤」，前輪可超過端線或中線。

180

5.6 裁判員手勢圖

放鬆時的站法

看底線區的站法

出底線手勢

界內球手勢

182

無法判斷手勢

看發球區站位

發球擦網手勢

發球界內手勢

發球出發球區手勢

準備時的坐法

球落在場區內手勢

球落在場區外手勢

184

司網裁判發球前手觸網帶

腳誤與糾正的手勢

司網裁判示意觸網

主裁坐姿

5.7 中英文網球記分表

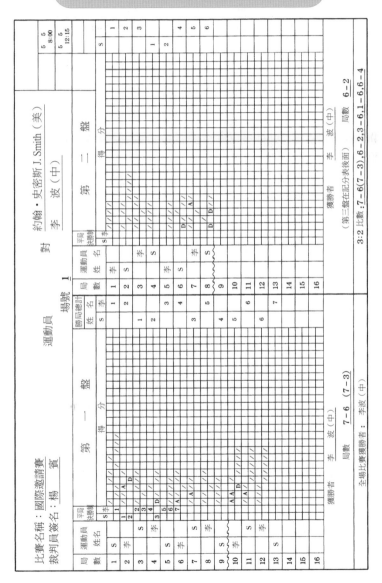

TENNIS SCORING SHEET

EVENT: The invitational championship
UMPIRE: Yang Bin

MATCH   J.Smith (U.S.)
    V   Li Bo (China)

COURT NO.: 1

MATCH TIMING	
START	May 5 8:00
FINISH	12:15

SET NO.: 1

POINTS

SET NO.: 2

POINTS

SET WON BY   LI Bo(China)
GAMES   7 – 6   (7 – 3)

SET WON BY   Li Bo(China)
(Set 3 is on the back of this sheet)   GAMES   6 – 2

MATCH WON BY   Li Bo(China)

3 : 2 SCORE 7 – 6(7 – 3), 6 – 2, 3 – 6, 1 – 6, 6 – 4

註：記分情況請參見網球比賽裁判用語一節。「S」表示 J.Smith (U.S.)。「Li」表示 Li Bo(China)。「·」第一發球失誤。「/」得分。「A」發球直接得分。「D」雙誤。「×」失分。

6 有問有答40例

187

ATP
外卡
輪椅網球
平局決勝制
「Ace」球
網球牆
裸體網球

千萬牢記：
享受每一次與高手過招那種忐忑不安。
享受每一次遇弱不強的那種無奈。

1）大滿貫

【問／答】在網球界，人們經常要提到「大滿貫」這個詞。所謂大滿貫，是網球運動的王冠稱號。一位或一對網球運動員在同一賽季獲得溫布頓網球錦標賽、美國網球公開賽、澳洲網球公開賽、法國網球公開賽這四大錦標賽的冠軍，即為獲得「大滿貫」。

世界上第一位獲得「大滿貫」稱號的網球選手，是1909年5月18日出生於英國的男運動員費雷德里克·約翰·佩里。他在1935年贏得法國網球公開賽單打冠軍時，首次實現了大滿貫。世界網球史上曾有4名女運動員贏得過大滿貫。她們是：美國的康諾利、澳洲的考特、美國的納芙拉蒂諾娃和德國的格拉芙。小威廉姆斯雖然也是連續奪得所有四項大滿貫賽事桂冠，但卻是跨越了兩年才完成的，所以這實際上不能被稱為大滿貫。

2）ATP

【問／答】國際職業網球聯合會（ATP）是世界男子職業網球選手的組織機構，成立於1972年，總部設在佛羅里達。1990年ATP掌管了男子職業網球巡迴賽的領導權，每年負責賽事和公佈當年年終世界排名。

3）世界排名

【問／答】透過職業聯賽，每個

賽季的職業選手都要進行排名，由排名確定積分來列為種
子選手。目前職業網壇引入電腦來完善排名體系，根據贏
球次數多少排名計算積分，贏得越多，排名就越靠前。當
然有時你也會看到，有些球員奪得大滿貫冠軍後排名不升
反降等「怪」現象，令人費解。其實這一切在ATP和WTA
那裏都有章可循。排名能保證高水準的球員留在決賽階
段，這樣可以保存體力，取得更好成績。

4）WTA

【問／答】WTA是女士的天下，它成立於1973年，球
員總部設在佛羅里達的聖彼得斯堡，其主要辦公機構目前
在康涅狄州。WTA由一個主席和一個董事會來管理，其主
要職責是負責所有球員日常和賽事的問題，每年負責整個
巡迴賽的安排和公佈當年年終世界排名。

5）外　卡

【問／答】是指佔有獨特優
勢的身份。它是由國際網聯或主
辦國決定某運動員可持外卡直接
參加正選賽抽籤的選手。

6）輪椅網球

【問／答】輪椅是為殘疾運
動員特別設計的運動輪椅，在場
地中可靈活地操縱。球允許反彈
兩次，第二次反彈可以落在場地

189

界線的外邊。國際輪椅網球協會的比賽規則與正規的網球規則基本相同。

7）軟式網球

【問／答】軟式網球產生於日本，是由硬式網球派生而來。軟式網球和硬式網球有相同點和不同點。場地、擊球、發球、戰術有相同之處；而球、球拍、網高、報分方法、握拍法、球的旋轉是不同的。目前這項運動在世界各地非常流行，非常適合於兒童和青少年，這項運動已有100多年的歷史了。1975 年10月在美國夏威夷舉行第一屆世界軟式網球錦標賽，第二屆於1977 年 8 月在台灣舉行。

8）澳洲陣式

【問／答】是用來描述發球員和他（她）的同伴都站在場上同一側的位置，是戰略組合方式的術語。

9）平局決勝制

【問／答】是指一盤當中，如局數為 6：6 時就要採用平局決勝制的方法決出勝負，採用小分記分，現在世界通用方法為 12 分 7 勝制，也就是我們常說的搶 7。

10）賽、盤、局點

【問／答】賽點是一場比賽的最後一分，有時也叫賽末點。對領先方來說如拿下這一分就意味著比賽結束。而盤點是一盤比賽的最後一分，如拿下這一盤比賽結束。局點是一局比賽的最後一分，如拿下這一局比賽結束。

11）腳　誤

【問／答】是指發球的時候，發球員在擊球的那一時刻，某一隻腳踩在端線上或越過了端線，或超出中點線和邊線的延長線外。

12）「盯住球」

【問／答】從物理學角度來看，其實是不可能的。當你看到球的那一瞬間，球已經飛離原來的位置。「盯住球」其實是要大家預測球的飛行軌跡，把握球的落點和擊球的時空契機。

191

13）「Ace」球

【問／答】發球直接得分。也就是說，接發球隊員回擊球時，沒有觸及球或根本沒有反應擊球。這與發球速度多少沒有必然的關係。

14）第二次飛行路線

【問／答】對方打過來的球落地後，球反彈後的飛行路線。

15）穿越球

【問／答】是指當對方站在網前防守，球是從他（她）身體旁邊快速通過，有直線穿越和斜線穿越之分。

16）「破網」

【問／答】當對方上網截擊時，使用上旋球可使球擦網而過，使對方難以回擊；或者把球打在對方隊員的腳前，迫使對方在低於網的高度擊球；或者採用旋轉控制落球點，使對方難以擊到球。

17）「T」形區域

【問／答】端線（發球線）和中點線相交的中間區域。我們要經常退到這個區域內活動。

18）「V」形手

【問／答】通常我們指在握拍時，大拇指與食指呈「V」字形，是以「V」字形虎口對準某條線來決定握拍的方式，如東方式、大陸式、西方式等。

19）握手式

【問/答】是指東方式握拍方法，就像我們見面握手一樣去握拍，但拍面必須垂直於地面。

20）打開拍面

【問／答】是指拍面擊球時，有一個更大的擊球區域，這時拍面是打開的，拍面角度應大於 90°。

21）關閉拍面

【問／答】擊球這一面的拍面小於 90°，我們統稱為關

閉拍面。

22）擊球點

【問／答】是指球與拍面撞擊的那一點。通常正、反手擊球點是在體前的左側或右側，要與身體保持一定距離，也就是說手臂加拍長的距離。擊球點不能離身體太近、太後、太遠，這樣就影響你發力。

23）擊上升球

【問／答】是指對方打過來的球，球落地後向上彈起速度不為零時擊這個球，此球正在上升比較難打。

24）擊下落球

【問／答】是指對方打過來的球，球落地後向上彈起到最高點後下落時擊這個球，此球下落時比較容易打。

25）側身站位

【問／答】是指身體平行於來球的飛行路線，不擊球的肩對著打球方向，也就是對方場區。

26）轉　體

【問／答】用腰部轉動帶動上肢手臂完成向後引拍和向前擊球動作。

27）伸展運動

【問／答】伸展運動是對打網球保持柔韌性最好的方

法。每次伸展練習要花 10 分鐘左右的時間，將會身體放鬆，興致盎然。

28）網球牆

【問／答】可供練習打網球比較平整的牆，我們統稱為網球牆。網球牆可分為普通牆和專業牆，實踐證明網球牆是一個實用高效的練習場所。

29）減震器

【問／答】橡膠原料製成，形狀各異。減震器的安裝視個人的手感和喜好而定，需注意的是其安裝的部位。規則明確指出此類東西必須裝在弦線交叉的格子之外，橫豎弦交錯的地方是不可以安裝減震器的。

30）子母弦

【問／答】屬聚酯類拍弦。要求拍面以橫、豎兩條線由不同磅數、不同材質分開搭配穿製而成。這樣的拍弦控球能力好，但價格也不菲。

31）吸汗帶

【問／答】吸汗帶可以防止因手汗過多而造成的握拍打滑現象，也可以在拍柄較細的情況下起到增粗拍柄的作用。吸汗帶用到一定時間應及時更換。

32）阻線粒

【問／答】就是在球拍橫、豎弦之間置入一個微型

「滑道」，目的是讓拍弦在擊球時降低移動，避免拍弦之間的磨損，此舉能持續保持拍弦相應的張力和良好的手感，令擊球區更小，利於控制，但不利於拉旋轉球。

33）「活球」期

【問／答】自球發出時起，至該分勝負判定時止，為活球期。

34）三級罰分

【問／答】當運動員初次違反準則時給予警告；兩次違反準則時罰一分；第三次違反準則時取消比賽資格。違反準則重點處理內容包括：出言污穢、舉動下流、猛擊網球、惡語罵人、動手打人等。

195

35）狹　道

【問／答】網球場上位於單打邊線和雙打邊線之間的區域稱為狹道。雙打時為直線區域。

36）自我暗示

【問／答】在比賽場上心理不穩定時，可採用積極的自我暗示，「鎮靜、放鬆、感覺很好、很正常」，或暗示自己各部位肌肉放鬆等方法，以此穩定情緒。當然，具體的暗示語因個人的習慣而定。

37）自信心

【問／答】成功的網球選手對自己的實力要有很強的

自信心。在學習和比賽過程中,即使處於困境也要充滿自信,沈著應戰。有自信心和沒自信心是有很大區別的,前者會毫不猶豫地瞄準目標擊球,而後者消極的想法只會帶來不好的結果。

38)甜心區

【問/答】在拍面上有那麼一個區域,區域內有兩個非常精確的點,一個是最佳手感點,另一個是最強彈力點。只要在這個區域內擊球,就能使你手感最舒服,震感也小,擊球力量最大,擊球效果最好。這個區域我們統稱為甜心區。

39)大師杯賽

【問/答】大師杯賽的前身是 ATP 錦標賽,由國際網聯和大滿貫委員會聯合主辦,是 ATP 巡迴賽的總決賽,只有當年排名世界前八的選手才能獲得參賽資格。

40)裸體網球

【問/答】每年的 5 月,在佛羅里達一處度假勝地都要舉辦一項特別的網球賽事——裸體網球。來到此處觀看的人大都是裸體運動愛好者,所有的觀眾也都裸體觀看比賽。整個網球比賽還透過網路向外轉播,是受當地法律保護的。在這種網球比賽中,選手們惟一的麻煩就是無法在發球時將另一個球放在口袋裏。

7 明星風采

197

切記享受：

享受每一次汗流浹背的那種感覺。

享受每一次觀看大賽時的激動心情。

7.1　網壇明星

1）Billie　Jean　King　比莉珍金恩

1943年11月22日生　美國。

20世紀的網球是由溫布頓造就的，那裏誕生了一百年網球的文化。而比莉珍金恩女士就是其中最耀眼的明星之一。

20 世紀 60 年代，她是從溫布頓開始了輝煌的職業生涯。20 世紀 60 年代，比莉珍金恩的表現是統治性的。1962 年，18 歲的她就在溫布頓公開賽上獲得雙打冠軍，這是她20座溫網冠軍獎盃中的第一個。隨後，她在全英俱樂部贏得了1966～1968 年的單打冠軍，1967～1968 年的雙打冠軍，1967 年的混雙冠軍。1967年是比莉珍金恩年，她贏得了溫網和美網兩項大滿貫的女單、女雙和混雙頭銜，一個令人難以置信的成績。

1968 年，她獲得澳網冠軍後作為一名頂尖的業餘選手正式轉入職業圈，並成為第一位獎金年收入超過 15 萬美元的女運動員。

進入20世紀70年代，又獲得溫網1972年、1973年、1975年的女單冠軍，1970～1973年的女雙冠軍。她還贏得1971年、1974年的美網女單冠軍，1972年法網女單冠軍。

珍金恩的職業素養也是超人的，她的名字不僅意味著冠軍的榮耀，也是一個夢想者和行動者。是她締造了溫網神話，是她創造了WTA，是她一直在為人權而戰，是她在慢慢地改變著世界女子網壇。1984年，41歲的珍金恩退役，從此她從一個神壇走向另一個神壇，繼續為它獻出畢生心血的網球事業而努力著。記住比莉珍金恩曾經說過的一句話：「只有對這個世界著迷的人才能改變世界。」

2）John Mcenroe 馬克安諾

1959 年 2 月 16 日生　美國。

美國國家網球隊前隊長馬克安諾，在他職業生涯中共獲得 77 個單打冠軍，其中 7 個大滿貫頭銜，1981～1984 年連續 4 年年終排名第一。

20 世紀 70 年代末，人們在思考，柏格之後是誰的時代。「上帝」發笑過後，送來了一位偉大的球手馬克安諾，一個人們從來沒見過，也沒想過的，渾身都散發著個性魅力的「壞小子」，他在天才與瘋子的界限上任意踐踏，跳來跳去。關於馬克安諾的爭議到現在都沒有停止，然而事實卻是他的確影響了整個網壇並在相當長時

間內牢牢佔據世界第一的位置。這個喜歡肆意宣洩自己情緒的「野人」對網球充滿了智慧與靈感，但是，在當時馬克安諾還難得具有強烈的領袖氣質。

如今，馬克安諾已成為第 41 位世界勞倫斯體育獎委員會的成員，他也是繼納斯塔斯爾、納芙娜蒂諾娃和貝克爾之後第 4 位進入該委員會的網球運動員。勞倫斯體育獎委員會的名單中可都是一串串閃光的名字，如邁克‧喬丹、邁克‧詹森、娜迪亞‧科馬內奇等。勞倫斯體育獎委員會的職責是將世界體育獎致力於全世界範圍內，以體育促進民族之間的交流，減少分歧，加強合作。

昔日網球場上的「壞小子」馬克安諾，如今對體育的公益事業也非常熱衷，為網球運動的普及與發展做出了不可磨滅的貢獻，他曾說過：「在我成長的過程中，我一直聽到人們說網球是貴族運動，我不這麼認為。我一直在努力將網球運動推向每一個人，因為這是一項偉大的運動，但不幸的是，我們做的還遠遠不夠。」

時而口出狂言，時而彬彬有禮；時而鬥志旺盛，時而滿腹憐愛；時而滿臉愁容，時而喜氣洋洋；時而對抗，時而讓步；時而挑釁，時而順從；時而可笑，時而嚴肅；時而輕狂，時而老練。這就是馬克安諾一直在人生的兩極中來回奔跑。

3）Pit Sampras 山普拉斯

1971 年 8 月 12 日生　美國。

山普拉斯出生在美國華盛頓，1988年成為職業選手，是男子網球選手中奪得大滿貫賽事冠軍頭銜最多的。是當

之無愧的「山天王」，是世界男子
網壇繼傳奇人物康納斯、倫德爾之
後，又一個劃時代的網壇巨星。

　　山普拉斯共取得 64 個職業網
球賽冠軍的佳績，14 個大滿貫奪
冠紀錄。1990 年，在費城和曼徹
斯特奪得第一個ATP冠軍頭銜，同
年桑普拉斯的世界排名達到第 5
位。1991 年，又奪得三項單打冠

軍頭銜。1992 年擔任ATP的慈善機構主席，為了癌症治療
事業發起了一個「ACE球慈善基金」，每發一個ACE球，
他就將捐獻 100 美元。1993 年，山普拉斯成為ATP歷史上
第 11 位排名世界第一的男單選手，並贏得 8 項單打冠軍。
1994 年又連續奪取 10 項大賽冠軍，成為繼倫德爾之後第
二個在全年保持世界排名第一的男單選手。1995 年，山普
拉斯取得溫網三連冠，並率領美國隊奪得大衛斯杯冠軍。
1996 年，山普拉斯創造了 25 場連勝紀錄，還奪得 7 項桂
冠。1997年，成為連續5年排名世界第一的男單選手，奪得
8 項賽事冠軍。1997 年，山普拉斯榮獲美國奧會頒發的
「年度最佳男運動員」稱號，他成為獲得這項殊榮的第一
位網球運動員。1998 年，他成為ATP歷史上第一個連續 6
年年終排名第一的男單選手。1999 年，「山天王」在溫網
第 6 次奪冠，平了 13 項大滿貫冠軍的世界紀錄。2000
年，山普拉斯又在溫網奪冠，從而創造了奪取14個大滿貫
賽事冠軍的世界紀錄。

　　回顧過去的輝煌，山普拉斯在即將退役時平靜且自豪

地說：「我創造了太多的後人很難超越的歷史紀錄，這些足可以令我驕傲一生，我感謝生活給了我快樂，更感謝喜愛我的球迷。現在我沒有什麼特別要說的話，就想在美網開幕式上，向球迷說一聲再見了。」

4）Justine Henin 賈斯汀·海寧

1982 年 6 月 1 日生　比利時。

身高僅 166 公分，體重不足 60 公斤的比利時灰姑娘海寧在法網完成了一項偉大的工程，至少暫時結束了令人膩味的後花園式決賽。

但這項被視作改變網壇歷史的工程，僅僅是海寧生活的一部分。奪取法網桂冠後，海寧興奮地奔上看臺和新婚不久的丈夫深情擁吻，她告訴全世界，這份感情和網球一樣重要。

美滿的愛情，傑出的事業，這是一個女人的全部夢想。幸運得簡直像一個謎，賈斯汀·海寧擁有這一切，而且她僅僅二十出頭。

但是，命運又何時無緣無故地寵愛過誰，對這個來自比利時法語區貧困家庭的海寧也一樣。10 歲的時候，海寧的母親法蘭科伊斯帶著女兒到了法網球場看球，深知女兒網球天賦的她要用羅蘭·加羅斯的無上熱情刺激女兒對網球的熱愛。正是在那裏，海寧看到了1992年格拉芙和塞萊斯進行的那場精彩

決賽，當時她就對母親說：「有一天我也會在這個球場上比賽。」也正是這個時候，她終於決定徹底放棄同樣喜愛的足球，開始為成為一名職業網球選手而努力。許下如此豪言壯語的小姑娘還不知道，她為這個諾言付出的代價甚至包括失去媽媽的痛苦和一度跟網球說拜拜的絕望。

當你瞭解了海寧的故事，知道她走過的是怎樣一條苦難和幸運同在、絕望和夢想並存、放棄和奮鬥不止的路，也許你能被她面對生活，堅強甚至頑固的態度；面對理想，執著甚至偏執的脾性；面對網球，虔誠甚至狂熱的情感所打動。

賈斯汀·海寧在日記裏寫道：「我難以找出準確的語言來表達我的情感，因為這一切都那麼特別。我甚至無法告訴你我的感受，因為這遠遠超出了我的想像。天哪，贏得一個大滿貫，而且是在這裏，在這個我曾經向媽媽許下諾言，一定要奪冠的地方。今天，我終於做到了，我要把這個勝利獻給她。」

5）Andre Agassi 安德烈·阿格西

1970 年 4 月 29 日生　美國。

阿格西作為 20 世紀 90 年代與桑普拉斯並稱的男子網壇天王級人物，他一直以自己所特有的特立獨行著稱於世，他曾經是那樣的狂放不羈，是那樣的金髮飄飄，但是兩次不如意的婚姻毀掉了他的自信心，在經歷了職業生涯的最低谷之後，1999 年法網的奪冠重新讓我們看到了那個久違的網壇天才，而在此後他與葛拉芙的美滿姻緣也得到了全世界網球迷們的祝福。

與已經隱退的山普拉斯相比，阿格西頑強不息、不服輸的精神卻又那麼值得所有人去尊重，他目前仍然保持著非常高的競技水準，他在 2003 年的澳網中奪得冠軍，法網和美網也分別進入八強和獲得亞軍。到目前為止，阿格西一直保持著ATP冠軍爭奪戰頭名的位置，職業排名也一度超過澳洲名將休伊特，升至第一，是其他選手在任何一場比賽中都不可小視的強勁對手。

阿格西曾獲得 43 項冠軍（包括 6 項大滿貫頭銜）。四大滿貫都曾獲得過冠軍，男選手中只有他一個；而女選手則是他夫人葛拉芙。

阿格西在描述自己時說：「我在觀眾面前是真實的。有時候，我表現出良好的敬業精神；有時候，我追求這項運動的娛樂性；有時候，我也發發臭脾氣。」他從不掩蓋自己的言行，這正是阿格西的真實寫照。

6）Venus Williams　大威廉姆斯
　　Serena Williams　小威廉姆絲

1980 年 6 月 17 日生（維）　美國。
1981 年 9 月 26 日生（塞）。

大威廉姆斯加入職業網壇時間不長，但卻與妹妹小威廉姆絲一道，在網壇刮起一陣「黑旋風」，所過之處，差不多無堅不摧。她在女子職業網壇的歷史上創造了許多奇跡。比如說，大威廉姆斯是美網公開賽自 1978 年以來，第

一個初次參加大滿貫賽事就闖入決賽的選手，她也是自 1958 年以來，第一個以非種子身份闖入美網決賽的運動員。進入 1999 年，大威廉姆斯更是所向披靡，她不但贏球超過 60 場，還拿下 6 項 WTA 冠

205

軍，尤其是她在2000～2001 年的 8 項大滿貫賽事中，6 次至少闖入四分之一決賽，2001 年便登上溫網女皇的寶座。

大威廉姆斯同時還保持著女運動員的發球最快時速記錄，205千米/小時，這個速度對於大多數男子職業選手來講也是望塵莫及的。

威廉姆斯姐妹恐怕是 1999 年職業網壇進步最大的選手了。她倆在 1999 年 4 月剛剛躋身WTA前 10 位，小威廉姆絲就在 1999 年接下來的時間裏一口氣拿了 5 項WTA巡迴賽冠軍。這其中最驕人的戰績當屬美網公開賽。當時小威廉姆絲接連戰勝辛吉斯、達文波特和塞萊斯，最終奪得她職業生涯的第一頂大滿貫桂冠。她不僅創造了種子排名最低奪冠的記錄，也是美網歷史上第二名奪冠的黑人運動員。她在硬地球場上的靈氣，無人能及，一年 16 場連勝。

1999 年前從未在WTA巡迴賽單打比賽中奪魁的小威廉姆絲，當年贏得了包括美國公開賽在內的 5 個頭銜，並在世界排名中衝到了其生涯最高的第四名，而年初她還是第

20 位。2002 年年終排名上升為第一位。近年來，對任何人來講，威廉姆斯姐妹這兩匹黑馬將是最危險的人物，「威氏家族」必將統治一段時間。

7）Lieyton Hewitt 雷頓·休伊特

1981 年 2 月 24 日生　澳洲。

作為世界網壇新一代的偶像，澳洲最年輕的網球明星休伊特在 2001 年終於證明了自己的實力，美國網球公開賽冠軍加上年終大師杯賽上的一舉奪魁，使他超越巴西的庫爾騰成為ATP年終排名第一的選手。而在 2003 年奪得溫網冠軍之後，休伊特又一路奏凱最終力壓美國老將阿格西蟬聯年終排名第一的稱號。

作為澳洲最年輕的網球明星，休伊特擁有成為冠軍的天才和態度。包括在德爾雷海灘的勝利，他的賽季記錄是 42 勝 18 負，並連續兩年成為ATP巡迴賽最年輕的冠軍。

年輕而充滿活力的休伊特目前成為眾多體育廠家的追

逐物件，他的標誌裝束反戴太陽帽已經成為年輕人效仿的時尚，而他與比利時網球女星克里斯特爾斯的戀情也為球迷津津樂道。從目前來看，休伊特很可能成為取代老一輩明星阿格西和山普拉斯的候選人，但是他的性情還需要磨練，尤其還缺少面對壓力和逆境時的冷靜，多次在ATP因比賽作風發

生衝突的表現就是證明，但相信他經過一段時間的磨練，
成為巨星已指日可待。

8）Andy Roddick 安迪‧羅迪克

1982 年 8 月 30 日生　美國。

當今男子網壇黑馬頻出，冷門不斷。在這其中，22 歲
的美國大男孩羅迪克無疑是顆最閃亮的星，人們對他成為
網壇巨星充滿期待。

高高舉起透明的大師杯，羅迪克不曾料到，幸福來得
那麼快，在他步入職業網壇不過三年的時間。

阿格西的教練曾評價羅迪克時說：「如果美國再要出
一個山普拉斯，那麼，就是他了。」這個「他」今年不過
二十多歲，卻擁有幾乎全部的天賦：敏捷的反應，快速的
全場跑動，準確的預判，強力精到的正手擊球，還有最拿
手的殺手鐧──重炮發球，隨便來一個就能達到時速 260
千米／小時左右。

羅迪克各方面的才華得以淋
漓盡致地發揮的，還有他那鐵一
般的頑強意志，離現在最近，也
叫人印象最深刻的一個例子莫過
於 2004 年年初澳網半決賽中他
與摩洛哥選手艾諾伊的那場世紀
大戰。整場比賽耗時 4 小時 59
分，雖然沒有成為歷史上最長的
大滿貫比賽，但也只比貝克爾和
卡姆波雷斯 1991 年在這裏創下

的另一場超長馬拉松賽短 12 分鐘；其中第五盤就打了 2 小時 23 分鐘；決勝盤總共打了 40 局，為大滿貫賽事歷史上最長；整場比賽共打了 83 局，平了大滿貫賽事的歷史紀錄。

想像一下，要怎樣的意志和氣度才能堅持到比賽最後並且取得勝利。

在成為網壇巨星之前，羅迪克已經成為了人氣偶像，除了擁有俊朗外型外，喜歡在比賽中做出諸如伸舌頭、拋眼色、砸球拍等的動作，這些無疑迎合了大眾和新聞媒體的注意，「壞」得可愛。只要關注他的人就會發現，每一次的比賽，他總有進步，進攻犀利，戰績出色。後被媒體形象地喻為「男庫娃」。

9）Roger Federer 羅傑‧費德勒

1981 年 8 月 8 日生　瑞士。

作為瑞士新一代球員的領軍人物，費德勒在只有 19 歲的時候，就被很多網壇前輩所看好，有能力在世界男子網

壇做出一番驚天動地的成績出來，甚至於他還被很多網球迷們冠以「山普拉斯」接班人的稱號，原因就在於他的技術實力實在是太優秀，各項技術指標也沒有什麼太大的漏洞，這使得他在任何類型的場地上都能做到非常輕鬆地適應。在這一點上，老天王山普拉斯尤其不擅長打紅土場的弱點則顯得非常突出了。

不過，就在很多人都翹首以待費德勒能夠快速接班，填補山普拉斯隱退後發球上網打法，選手總是有戰績不佳的缺憾時，他卻總是在一次次的被鼓勵聲中莫名其妙地落敗，連續兩年澳網賽，在大比分領先的情況下被對手逆轉，就連成名地溫布頓也一次次成為傷心的舞臺。與別人情況所不同的是，費德勒並不是缺乏這個實力，而是因為他的心理素質實在是不過硬，這也使得眾多網壇前輩在提到這個潛質優秀的年輕人時，總是會禁不住地搖頭，與其說是在歎氣，還不如說是在怒其不爭。

在依靠頑強作風取勝的休伊特開始獨步年輕一代之後，狀態時有起伏的費德勒也不可避免地承擔了太多的心理壓力，畢竟他才應該是最有說服力的接班人之一，而這些言論也多少限制了他的發揮。

從憐惜愛才的角度出發，我們衷心地希望費德勒能夠從這種困擾中走出來，早日與其他優秀的年輕一代球員們一起，開啟屬於自己的一片天空。

10）Anna Kournikova 安娜·庫尼科娃

1981 年 6 月 7 日生　俄羅斯。

在國際體壇上，有兩位人氣最旺但實力算不上最強的獨特「巨星」──一個是拳王泰森；另一個就是打網球的庫尼科娃了。誰都無法否認，庫爾尼科娃絕對是網壇的一個奇跡，而她也詮釋了一個道理，實力與金錢是不畫等號的。

年輕的庫娃已是目前女子網壇上最富有的人之一。庫娃曾經是個天才的女球手，14 歲時，排名就是世界青少年第一。1997 年她打進了溫網半決賽，當時才 16 歲。庫娃

剛出道的時候，就被視為同辛吉斯和威廉姆斯姐妹一樣才華過人，很可能佔據未來女子網壇的頂層。庫娃網球的天賦是絕對一流的，她打球比辛吉斯硬朗，移動比達文波特快速，得分手段比維納斯·威廉姆斯更多樣，她的空中截球能力勝過上述任何一位。

210

　　不過直到現在這位素質優越的女星還未懂得獲勝的法寶。傷病和頻繁的商業活動，影響了庫娃在網球上的發展。當年預言天才少女庫娃的網球專家們現在都跌落了眼鏡。

　　庫娃的獨特之處就是戰績沒有閃亮點，但商業價值卻沒有什麼貶值。正如在2001年的溫網比賽中，組委會把溫布頓中心球場的第一場女子比賽專門留給了她。整個英國都充斥了庫娃身著體育胸罩的廣告。不服不行，溫網比賽中有庫娃參加的比賽，球場爆滿，還有很多名人到現場為她捧場。用ATP總裁比莉·珍金恩的話來說，庫娃對網球發展是有貢獻的，因為「只要來看網球比賽就是好的，不管他們是來看比賽還是看美女的。」

7.2　名言名句

■ 傑西・歐文斯說：「運動場上產生的友誼是比賽真正的金牌。獎盃會變得銹蝕，友誼卻歷久彌新。」

■ 比莉・珍金恩說：「我不只是打網球，我自己就是網球。」

■ 網球界有句名言：「球拍就是你手臂的延伸。」

■ 比爾・蒂爾登說：「網球是任何人都可以學會的最有價值的運動，甚至高爾夫球都難與其相比。」

■ 比莉・珍金恩說：「當對方發球時，很多人都希望『拜託啊上帝，讓她發球雙誤吧』，但我不一樣，我希望她把球發進來。」

■ 老威廉姆斯有句名言：「凡是讓14歲以下的孩子當職業球手的父親，都該槍斃。」

■ 斯里恰潘樂滋滋地說：「比賽前我從來沒有想過自己會輸，我只是覺得如果我發揮得不好，可能會贏得比較艱難。」

■ 維克・布萊登說：「對於那些在看臺上或在擋網外看球的人來說，打網球簡直是太容易了。」

■ 桑切斯抱怨巡迴賽賽程太長（戲稱魔鬼賽程），比賽太

網球像是精神鴉片，一旦上手就欲罷不能。它會給你帶來一生享受不盡的快樂。

密時說：「我參賽是因為我喜歡打球，這是我的職業，但我也不是鐵打的啊，讓人透不過氣來。」

■奇·維拉斯說：「我喜歡網球的創造性。」

■特德·廷林說：「自信心對取得成功至關重要……如果一個女人覺得自己比對手漂亮，這就是一個優勢。」

■薩芬在回憶聖馬利諾網球賽上以 2：6、0：6 的比分慘敗給一位排名 157 位的網球選手後說：「那是我這輩子至今最糟糕的一場比賽，主裁判應該以我表現太差為由，把我驅逐出場。」

■庫娃說：「網球不是我生活的一部分，網球是我的生活。」

■比爾·蒂爾登說：「在我打球的數十年中，我一直在找一位天才的網球手，但直到現在也沒找到。」

■奧爾壺·吉布森說：「在網球界，大多數想成為高手的運動員都不考慮要想成為網球高手所要付出的辛苦。」

■特里西的話：「教男人如何發球比女人要容易得多。很多女人從未扔過球，所以當教她們如何發球的時候，她們沒有任何基礎知識可以作為比較。為幫助她們找到一個她們可以聯想到的動作，讓她們想像憤怒時向丈夫扔花瓶的情景。雖不是一個好的意象，但還是管用。」

■佛吉尼亞·韋德說：「準備的時間越多，後悔的時候才會越少。」

■比爾·蒂爾登的話：「人們喜歡雙打勝於單打，因為他們的運動量較單打小一些，有了一個搭檔，失敗了可以責備他，而且在他們比賽時還會有人聽他們的抱怨。」

■46歲的老將納芙娜蒂諾娃與印度名將佩斯在2003年

澳洲網球公開賽合作奪得混雙冠軍後說：「年齡只是一個數字，我仍然希望我是贏得某些東西最年輕的人，而不是最老的。」

■阿格西在法網獲勝後欣喜之極，吐露心聲：「我在球場上感覺要比在球場下年輕很多。在球場上我感覺很好，但在球場下抱著孩子時，我感覺自己要老多了。」

■國際網聯銀牌裁判長和銅牌主裁，中國職業裁判陳述遺憾地說：「我沒有裁過山普拉斯的比賽，這是我裁判生涯中最大的遺憾。」同時還說：「網球職業裁判不是一條簡單的路，要想走下去，就要付出雙倍的努力和代價。」

■編者的話：「如果你有網球愛好，說請你吃飯，還真不如請你到網球場上流一身汗呢。」

7.3　網壇之最

● **最佳網球城鎮**

美國的弗吉尼亞州的查爾洛特斯維爾鎮。這裏的 10 萬居民中有 3000 人每天都在打網球。

● **最好的大學網球環境**

美國的斯坦福大學。

● **發球威力最大的人**

美國球員山普拉斯發球直接得分最多，在總共參加的 100 多場比賽中，共有 801 次靠發球直接得分。

● **男子發球速度最快的人**

英國的葛列格‧魯塞德斯基。1998 年 3 月 4 日，在美

213

國加利福尼亞州印第安韋斯舉行的職業網球協會冠軍杯賽上，創下該記錄。速度達 239.8 千米／小時。

● **女子發球速度最快的人**

美國的維納斯・威廉姆斯。1998 年 10 月 16 日在瑞士蘇黎世舉行的歐洲室內錦標賽上，她創造了發球速度達 205 千米／小時的紀錄。

● **耗時最長的一個球**

51 分鐘半。這一紀錄是 1977 年全美青少年分齡網球賽，在加州拉罕市舉行時，由兩位 11 歲的女孩卡莉和卡羅創下的。最後是卡莉上網打了一個穿越球才結束這一分。但在這個球出現之前，這個球已經在網上來回穿梭了1029次。這場比賽用了 3 小時 35 分鐘，最後卡莉以 2：6，6：4，6：3 獲勝。

● **比賽時間最短的一盤球**

9 分鐘。根據美國草地網球雜誌的記載，1925年在英國伊斯伯尼的一個國際性比賽中，美國的卡塞只用了9分鐘就以6：0擊敗英國的威特雷，贏得了第一盤比賽的勝利。

● **耗時最長的一場比賽**

6小時23分。這一紀錄是1967年8月18日至19日，在美國馬里蘭州全美室內網球錦標賽的單打比賽中，由美國的巴沙瑞・何姆伯迎戰英國的柯克斯・威爾遜時創下的。三盤比分分別是26：24，17：19，30：28。

最理想的打球天氣：21℃，多雲，無風。

● **獲網球冠軍最多的人**

男子獲網球冠軍最多的是康納斯。在他漫長的網球運動生涯中，曾經歷過柏格、馬克安諾時代，共 95 次獲得冠軍，成為世界網壇中獲得冠軍最多的選手。女子獲網球冠軍最多的是納芙娜蒂諾娃。在 20 年中，她共獲得 152 個冠軍頭銜，贏得了 1253 場比賽的勝利，並且 9 次奪得溫布頓大賽冠軍。

● **一個賽季收入最多的人**

瑞士的馬丁納・辛吉斯。在 1997 年的賽季中，她的收入為 3400196 美元。

● **網球職業生涯收入最多的人**

男子網球職業生涯中收入最多的是美國的皮特・山普拉斯。在截止到 2001 年 3 月的整個網球職業生涯中創下了總收入 41314315 美元的紀錄。

女子網球職業生涯中收入最多的是德國選手斯特菲・葛拉芙。在 1982～1999 年，她的收入達 21807509 美元。

● **第一部網球規則的撰寫人**

比爾・蒂爾登。他在規則中寫到，每一個網球選手必須是一個堂堂正正的運動員和真正的紳士。

● **最高價網拍拍品**

1997 年在英國倫敦克利斯蒂拍賣行，有一位網球癡迷者竟然以高達 23000 英鎊，當時折合美元為 37724 元，欣喜地拍得了明星弗雷德・佩里早期曾在溫布頓網球錦標賽中所用過的，品牌是斯拉珍澤草地的網球拍一副。並由此榮幸地成為當今世上最昂貴的網球拍擁有者。

● 最佳網球人體組合

專家認為，合理的肢體組合是維蘭德的頭、納芙娜蒂諾娃的手、張德培的心臟、葛拉芙的腿、拉夫特的身材、大威廉姆斯的姿勢。

● 統治網壇最久的球星

美國的納芙娜蒂諾娃，創造了職業網球史上的奇跡。她在 20 多年的網球生涯中，各項統計成績一直居世界絕對統治地位。在很長的時間內，她的惟一對手只有克里斯·埃弗特一人。

直到以葛拉芙和薩巴蒂尼，以及後起之秀塞萊斯為首的 20 世紀 80 年代的新一代崛起為止。最驚人的是，她創下了連續 74 場比賽不敗的驚人戰績。

7.4　20 世紀網壇男女十大傑出人物

1) 男　子

■ 羅德·萊弗

惟一一個兩次摘得四大網球公開賽冠軍的網球選手。

■ 皮特·山普拉斯

1993～1998 年世界排名第一，6 次溫網冠軍，4 次美網冠軍。

■ 比爾·蒂爾登

20 世紀 20 年代的網壇代表人物，為網球風靡美國立下赫赫戰功。3 次溫網冠軍，7 次美網冠軍。

■比約·柏格

20世紀惟一一個連續5次奪得溫網冠軍的選手。25歲退役，6次法網冠軍，5次溫網冠軍。

■湯·布奇

1938年第一個贏得大滿貫的選手。1939年轉入職業網球比賽後成績不佳。2次溫網冠軍，2次美網冠軍。

■約翰·馬克安諾

他在20世紀70年代和80年代的表現使美國的網球普及達到鼎盛時期。3次溫網冠軍，4次美網冠軍，5次溫網雙打冠軍，4次美網雙打冠軍，1次法網混雙冠軍。

■魯·霍德

贏得2次溫網冠軍後於1957年轉入職業聯賽。1次澳網冠軍，1次法網冠軍，2次溫網冠軍，3次溫網雙打冠軍。

■羅伊·愛默生

至今保持著摘取職業聯賽28個主要冠軍頭銜的紀錄，包括12個單打冠軍，此紀錄已被山普拉斯追平。6次澳網冠軍，2次法網冠軍，2次溫網冠軍，2次美網冠軍，6次法網雙打冠軍，4次美網雙打冠軍。

■肯·羅斯瓦爾

4次澳網冠軍，2次法網冠軍，2次美網冠軍，3次澳網雙打冠軍，2次法網雙打冠軍。

■傑克·克萊美爾

1952年成為網球職業聯賽的老闆，創建了男子比賽的大獎賽及ATP比賽。獲得10個大滿貫冠軍頭銜。

2）女　子

● 斯蒂菲・葛拉芙

被譽為「無敵正手」的天才型網球選手，是女子網壇惟一一位贏得「金色大滿貫」（即四大網球公開賽冠軍及奧運會冠軍）的選手。13 歲加入職業聯賽後，創造了 8 年保持年終排名第一的紀錄。4 次澳網冠軍，6 次法網冠軍，7 次溫網冠軍，5 次美網冠軍，1 次溫網雙打冠軍。

● 瑪蒂娜・納芙娜蒂諾娃

創造了 9 次摘得溫網桂冠的佳績，職業生涯中共獲得 167 個冠軍頭銜，參加比賽 1438 場。出生於捷克，1981 年加入美國國籍。共獲得 56 個大滿貫。

● 比莉・珍金恩

是在WTA發展史上起著至關重要作用的人物，是WTA的創始人和資助者。至今保持著 20 次贏得溫網冠軍的紀錄。職業生涯中獲得 39 個冠軍頭銜，包括 4 次美網冠軍，1 次澳網冠軍和 1 次法網冠軍。

● 克里斯・埃弗特

5 次世界排名第一，是底線型進攻的高手，共取得 72 次單打冠軍。2 次澳網冠軍，7 次法網冠軍，3 次溫網冠軍，6 次美網冠軍。

● 蘇琳尼・李葛倫

擁有非凡氣質和個性的網球選手，為女子網球注入了無限魅力。共獲得 21 個四大網球公開賽冠軍。

● 海倫・威利斯默迪

8 次奪得溫網冠軍，52 年後諾沃特娜才打破此紀錄。

個性內向安靜，共取得 31 次大滿貫賽事冠軍頭銜。4 次法
網冠軍，8 次溫網冠軍，7 次美網冠軍。

● **毛林・康諾利**

16 歲就成為自 1951 年後美國最年輕的冠軍。1953 年
成為奪得大滿貫的第一位女子選手，34 歲死於癌症。職業
生涯中共獲得 12 個大滿貫賽事冠軍。

● **莫妮卡・塞萊斯**

職業生涯中大滿貫冠軍頭銜共 9 個。4 次澳網冠軍，3
次法網冠軍，2 次美網冠軍。

● **伊萬尼・古加貢**

出生於澳洲一個貧困家庭，職業生涯中共獲得 13 個大
滿貫冠軍。4 次澳網冠軍，1 次法網冠軍，2 次溫網冠軍，
4次澳網雙打冠軍。

● **馬丁納・辛吉斯**

女子網球史上最年輕的溫網冠軍，職業生涯中共有 12
個大滿貫冠軍在手。3 次澳網冠軍，1 次法網冠軍，1 次美
網冠軍，3 次溫網冠軍，2 次溫網雙打冠軍，1 次美網雙打
冠軍。

7.5 最新世界排名及排名系統

排名	姓名&國籍	積 分	排名變化	錦標賽
1	拉菲爾・納達爾（ESP）	12025	0	19
2	諾瓦克・德約科維奇（SRB）	7145	1	21
3	羅傑・費德勒（SUI）	6735	-1	21
4	安迪・穆雷（GBR）	5035	0	18
5	羅賓・索德林（SWE）	4910	0	24
6	尼克萊・達維登科（RUS）	4150	0	25
7	托馬斯・伯蒂奇（CZE）	3780	0	24
8	費爾南多・沃達斯科（ESP）	3330	0	25
9	米哈伊爾・尤茲尼（RUS）	3295	5	23
10	大衛・費雷爾（ESP）	3200	2	23
11	安迪・羅迪克（USA）	3180	-2	21
12	喬・維爾弗雷德・特松加（FRA）	2905	-1	22
13	約爾根・梅爾澤（AUT）	2605	2	26
14	馬林・西里奇（CRO）	2540	-1	23
15	蓋爾・蒙菲爾斯（FRA）	2250	4	27
16	尼古拉斯・阿爾瑪格洛（ESP）	2150	0	28
17	伊萬・柳比西奇（CRO）	2120	0	24
18	馬科斯・巴格達蒂斯（CYP）	2030	0	27
19	馬迪・費什（USA）	1931	2	19
20	斯坦尼斯拉斯・瓦林卡（SUI）	1860	7	21
21	山姆・奎里（USA）	1795	1	25
22	阿爾伯特・蒙塔內斯（ESP）	1770	1	29
23	約翰・伊斯內爾（USA）	1715	-3	25
24	菲里西亞諾・洛佩茲（ESP）	1685	1	26
25	厄內斯特・古爾比斯（LAT）	1515	1	22
26	胡安・卡洛斯・費雷羅（ESP）	1470	-2	26
27	托馬斯・貝魯奇（BRA）	1455	1	27
28	大衛・納爾班迪安（ARG）	1325	5	17
29	理查德・加斯奎特（FRA）	1305	9	28
30	邁克爾・勞德拉（FRA）	1275	5	26
31	菲利普・科爾什雷伯（GER）	1270	0	26
32	塞爾吉・斯塔霍夫斯基（UKP）	1263	4	28
33	胡安・摩納哥（ARG）	1235	-1	24
34	胡安・馬丁・德爾波特羅（ARG）	1170	-24	17
35	拉德克・斯捷潘涅克（CZE）	1150	-5	23
36	萊頓・休伊特（AUS）	1135	-2	23
37	揚科・蒂普薩雷維奇（SRB）	1100	7	25
38	朱利安・貝內特馬（FRA）	1090	-1	25
39	安德列・戈盧別夫（KAZ）	1080	1	30
40	湯米・羅布雷多（ESP）	1075	1	25
41	吉勒・西蒙（FRA）	1055	1	24
42	丹尼斯・伊斯托明（UZB）	1051	-3	31
43	盧彥勳・（TPE）	1043	0	26
44	費爾南多・岡薩雷斯（CHI）	990	-15	21
45	弗洛里安・邁耶（GER）	978	1	26
46	西莫・德巴克爾（NED）	973	2	21
47	維克托・特洛西奇（SRB）	945	0	29
48	奧萊克桑德・德爾戈波洛夫（UKR）	932	-3	28

220

排名	姓名&國籍	積 分	排名變化	錦標賽
49	邁克爾·巴雷爾（GER）	917	0	30
50	波蒂多·斯塔拉斯（ITA）	915	5	
51	胡安·伊格納西奧切拉（ARG）	914	0	29
52	菲利普·普茲斯內爾（GER）	910	0	27
53	丹尼爾·海姆恩歐·特拉弗爾（ESP）	908	6	30
54	維克托·漢內斯庫（ROU）	905	0	29
55	奎勒莫·加西亞·洛佩茲（ESP）	900	-2	27
56	沙維亞·馬力斯（BEL）	898	-6	26
57	愛德瓦爾多·施麥克（ARG）	868	0	29
58	安德里亞斯·塞皮（ITA）	855	-2	32
59	傑瑞米·查迪（FRA）	820	5	32
60	阿諾·克萊芒（FRA）	806	8	32
61	桑地亞哥·基拉爾多（COL）	801	-1	31
62	雅柯·涅米寧（FIN）	795	-4	33
63	盧卡斯·庫波特（POL）	790	-1	25
64	亞利桑德羅·法拉（COL）	755	1	26
65	凱文·安德森（RSA）	752	12	30
66	弗洛朗·塞拉（FRA）	751	0	32
67	班傑明·貝克爾（GER）	737	3	34
68	霍拉西奧·澤巴洛斯（ARG）	735	-7	30
69	伊沃·卡洛維奇（CRO）	725	-2	19
70	Robin·Haase（NED）	723	13	23
71	法比奧·弗格尼利（ITA）	720	15	31
72	馬可·齊烏迪奈利（SUI）	717	-9	31
73	葉甫根尼·科洛列夫（KAZ）	715	-4	27
74	伊利亞·馬切科（UKR）	686	-1	22
75	里卡多·米洛（BRA）	683	6	21
76	盧卡斯·拉斯科（SVK）	680	-5	27
77	泰勒·鄭特（USA）	654	-5	28
78	丹尼爾·布蘭德斯（GER）	653	-3	30
79	奧利弗·羅克斯（BEL）	650	-5	30
80	萊昂納多·梅耶爾（ARG）	637	-1	26
81	米哈伊爾·古庫舒金（KAZ）	628	4	26
82	魯本·拉米雷斯·海達哥（ESP）	627	10	29
83	弗雷德里科·吉爾（POR）	624	4	30
84	邁克爾·魯塞拉（USA）	619	-4	29
85	杜迪·塞拉（ISR）	618	10	24
86	佩雷·里巴（ESP）	618	-10	35
87	帕布羅·奎瓦斯（URU）	615	1	27
88	托比亞斯·卡姆克（GER）	610	1	28
89	斯蒂芬·羅伯特（FRA）	610	-11	24
90	邁克爾·柏茲西茲尼（POL）	606	0	29
91	雷納·舒特勒（GER）	605	0	26
92	布萊恩·達布爾（ARG）	587	4	21
93	坦穆拉茲·加巴什維利（RUS）	586	0	30
94	馬塞爾·格拉諾勒斯（ESP）	583	0	31
95	西蒙·格魯爾（GER）	583	-11	36
96	簡·厄尼奇（CZE）	579	-14	26
97	保羅·昂利·馬休（FRA）	574	12	23
98	菲利波·沃蘭德里（ITA）	566	1	25
99	比約恩·法烏（GER）	522	-2	28
100	Edouard·Roger-Vasselin（FRA）	520	15	22

（注：以上排名截至2010年9月17日）

■ ATP冠軍排名系統　　　　　　　（單位：歐元）

賽事級別	總獎金	冠軍	亞軍	半決賽	1/4	1/8	1/16	1/32	1/64
大滿貫賽	—	200	140	90	50	30	15	7	1
大師系列賽	—	100	70	45	25	15	7	1	
國際系列賽金組	100萬	60	42	27	15	5	3	1	
國際系列賽金組	80萬	50	35	22	12	5	3	1	
國際系列賽	100萬	50	35	22	12	5	3	1	
國際系列賽	80萬	45	31	20	11	4	2	1	
國際系列賽	60萬	40	28	18	10	3	1		
國際系列賽	40萬	35	24	15	8	3	1		
大師杯賽	小組賽每勝一場得20分＋半決賽獲勝得40分＋決賽獲勝得50分								

■ ATP冠軍排名系統　　　　　　　（單位：歐元）

賽事級別	總獎金	冠軍	亞軍	半決賽	1/4	1/8	1/16	1/32	1/64
大滿貫賽	—	650	456	292	162	90	56	32	2
一級賽	200 萬	325	228	146	81	45	1		
一級賽	132.2 萬	300	210	135	75	42	1		
一級賽	126.2 萬	275	193	124	69	38	1		
二級賽	65 萬	220	154	99	55	29	1		
三級賽	22.5 萬	145	103	66	377	19	1		
三級賽	17 萬	120	85	55	30	16	1		
四級賽	14 萬	95	67	43	24	12	1		
五級賽	11 萬	80	56	36	20	10	1		
年終總決賽	370 萬	485	340	218	121	6			

（注：如果一球員在首輪因沒有對手而輪空的話，一旦他/她在第二輪落敗，也無法獲得第二輪的積分，而被視為首輪遭淘汰。）

7.6　世界網球技術的新觀點

　　網球職業化、商業化的飛速發展，極大地推動了網球技、戰術的飛速發展，同時也帶動了一些觀念、觀點的更新和發展，而這些新觀念、新觀點反過來又將進一步推動網球技、戰術的提高和完善。下面列舉一些近期國際上對網球技術重新認識的新觀點，供大家參考。

1）正手擊球

223

1	舊觀點	應直臂擊球。
	新觀點	從拉拍、拍觸球到隨揮，肘關節都應有不同程度的彎曲。

　　很長一段時間裏，我們教學過程中要求大家正手擊球後把球送出去，肘關節要伸直，這樣加大了手臂的線速度，擊出的球也會更有威力。而現在的新觀點認為：擊球威力的大小不在於屈臂還是直臂，隨著球拍製造工藝的進步，擊出大角度的球成了得分的主要手段，而直臂打球使身體不穩，不利於還原第二次擊球。

2	舊觀點	擊球點越靠前越好。
	新觀點	不同來球要有不同擊球點。

　　「把擊球點往前放，早點擊球」，這是網球場上教練

常向隊員說的話，現在證明它並不是適用於所有的擊球。如果你是西方式握拍拉上旋球的話，你的擊球點應該放在身體的側面，上旋高球也一樣。總之，你要想打旋轉多一些的球，就應該晚點擊球。

辛吉斯、庫爾尼科娃、伍德福德等擊球時球點都很靠後，擊出的球有很強的旋轉，這樣的球穩定性高，而且落地彈起很高，對手不易回擊。

3	舊觀點	拉拍、擊球、隨揮之間可以有停頓。
	新觀點	整個動作一氣呵成。

224

如果你不是初學者的話，就應該忘記初學網球時的一拉拍、二擊球、三隨揮。好像做廣播體操一樣，動作間有停頓，難以擊出最有威力的球。

只有從拉拍至隨揮一氣呵成，沒有絲毫的停頓才能發揮你最大的潛能，如果你能做到這一點，你的球技會有一個很大的飛躍。

在世界網壇上，張德培和里奧斯做得非常出色，他們的拉拍很晚，但動作連貫，對手難以判斷球擊向何方。

4	舊觀點	擊球前要先側身。
	新觀點	無球前只要轉肩就行。

以前我們打球時一般要做到側身、轉腰，而今天我們則叫大家注意轉肩。

我們做一個實驗：把一個籃球從身體側面推出去，怎

樣能推得遠些呢？試試一次轉腰不轉肩，一次轉肩不轉腰，你很快就會得出結論的。

5	舊觀點	擊球時拍頭不能低於拍柄。
	新觀點	拍頭低於拍柄也能擊球。

過去我們認為擊球的拍頭低於拍柄擊出的球沒威脅，這樣如果來球低就只能使勁蹲下打，但這對第二次擊球很不利。現在我們認為拍頭可以沉下來打低球，只要把擊球點稍向後移，在身體的側前方就可以拉出上旋球，很有威脅。

225

2）反手擊球

1	舊觀點	球拍碰到球後繼續頂5個球的距離。
	新觀點	球從球拍的甜點通過。

事實上，當球碰到拍子的一瞬間，球已經離開了拍子，不可能使拍子頂 5 個球的距離。如果要使拍子頂 5 個球，打出的球將不帶旋轉。這樣的球容易下網，而且容易出界，所以打反手的球應從拍子的甜點通過，然後向上隨揮，這樣的球既有上旋，又合乎生物力學的要求。

2	舊觀點	反手的削球有穩定性、進攻性。
	新觀點	反手也應該打進攻性的抽球。

隨著網球器材和技術的不斷革新，曾經在20世紀80年

代末90年代初盛行的反手削球已經不能適應現在激烈的網
球比賽，這種防守型的打法是在自己不失誤的基礎上讓對
方失誤，但削球速度慢、空中飛行時間長，對手有充足的
時間準備，而反手的抽球速度快、角度大，可打出很小的
角度，直接得分。

3	舊觀點	球跳到最高點，垂直速度為零時擊球。
	新觀點	打球的上升期。

　　球跳到最高點時它的合速度最小，這時打球威力最
大，穩定性高，這是以前的觀點。

　　現在許多優秀選手用西方式的撞拍打出的球有強烈的
上旋，球跳得通常比人高，這樣再用舊的觀點打，不光是
反手，還包括正手、接發球，都占不到便宜。

4	舊觀點	手上起泡的選手一般球打得好。
	新觀點	手上不起泡的選手可能才是真正優秀的。

　　打球時有的人會用自己手上的繭子來誇自己訓練的刻
苦、球技的出色。其實真正出色的選手，手上可能沒有繭
子。因為在打球時如果球沒能打在拍子的甜點上，拍把就
會在手中轉，這樣手就會起泡，所以一味刻苦地練習不一
定會得到預期的效果，還是應先掌握技術，再刻苦練，這
樣才能事半功倍。

3) 發　球

| 1 | 舊觀點 | 發球全身使勁，才能發出速度最快的球。 |
| | 新觀點 | 發球前全身放鬆，動作自然。 |

在過去人們為了能發出大力的發球，全身緊繃。現在的觀點是：發球前身體放鬆，動作自然，有彈性，有餘地，這樣的發球穩定性高，自然威力也大了。

| 2 | 舊觀點 | 發球時注意手腕的鞭打動作。 |
| | 新觀點 | 在轉動肩的同時做鞭打的動作。 |

人們的動作都是大關節帶動小關節，發球也要遵循這個道理，在轉肩的同時做搔背、抽拍等細節動作才能得到事半功倍的效果。

| 3 | 舊觀點 | 擊球點越高越好。 |
| | 新觀點 | 在最高點打球沒有道理。 |

發球的擊球點越高越好，可能有許多網球選手都是這樣認為的，這好像已成為一個常識被大家接受，事實上這樣是沒有道理的。

如果手臂完全伸直打球，這樣手臂、手腕將失去彈性，難以發力，所以，擊球時肘關節應微屈，身體前傾，在最適合自己的擊球點擊球。

| 4 | 舊觀點 | 擊球後壓腕前臂「內旋」。 |
| | 新觀點 | 擊球時腦子中不要想「內旋」。 |

在世界優秀運動員發球的照片中，前臂都有明顯的「內旋」動作，但在我們的教學經驗中，如果要求隊員做「內旋」不僅動作變形，而且易使腕、肘受傷，而自己自然發球會有「內旋」的動作。

4）截擊球

| 舊觀點 | 較低的截擊球垂拍頭打。 |
| 新觀點 | 低球不垂拍頭而是屈膝打。 |

較低的球一定要屈膝打，而不能垂拍頭，這樣的球是被碰過去的，沒有威脅。

5）雙　打

| 舊觀點 | 一人上網，一人底線。 |
| 新觀點 | 雙上雙下。 |

一上一下的打法空檔太大，容易使對方雙上網，現在世界上的男女都用這種雙上雙下的打法，沒有一個固定網前、一個固定底線的。

8 網球史話

229

千萬牢記：

享受每一次購買裝備的那種「專業」。

享受每一次球友之間打球後的聊天與聚餐。

8.1 網球運動概述

網球運動是受人們普遍喜愛、富有樂趣的一項體育活動,是世界上最流行的運動項目之一。網球運動是2人或4人在中間隔著一個網的場地上,使用球拍往返擊一個橡皮小球的球類運動。

現代網球運動 19 世紀 70 年代發源於英國。現代網球或草地網球是在球場上使用球拍和球進行的一項球類運動。球場的表面可以是草地、泥地、瀝青、水泥和木板或塗塑合成的硬地。重要的國際錦標賽通常在草地球場、塗塑合成硬地、紅土球場上進行。

網球可以單打或雙打。發球、空中往返擊球、擊落地球還擊是這項運動的基本技術。

網球是技術和智慧的競賽,你必須不斷地進行判斷並做出反應。網球運動能鍛鍊人的控制力、耐力,養成團隊精神和良好的性格。

網球運動要求有速度、耐力、平衡、靈敏、柔韌、協調、良好的步伐和球藝等素質和能力。

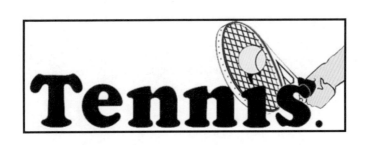

8.2　網球的由來與發展

1）古式網球

早在11世紀，法國的僧侶們為調劑單調的生活，消除無聊的煩惱，常常進行一種用手掌擊球的遊戲。開始是對牆擊球，後來兩人對擊，有時在兩人中間掛一條繩，這種流行於法國的掌球遊戲便是古式室內網球的雛形。隨著掌球遊戲的不斷開展，用球拍擊球代替了手掌擊球，這便是古式室內網球的重要標誌。

古堡網球

這種運動不僅在修道院中盛行，而且也出現在法國宮廷。法國國王路易十世在位時，宮廷中就經常進行這種以消遣為目的的網球運動。因平民無緣涉足，網球被稱為「貴族運動」。1358～1360年，這種供貴族玩的古式網球從法國傳入英國，英國愛德華三世對網球也產生很大興趣，下令在宮中修建一片室內球場。當時球拍的拍面改裝成羊皮，球由布面改成皮面，球的大小、重量沒有詳細記載。15世紀發明了穿弦的球拍，16世紀古式室內網球成為法國的國球。以後，古式室內網球有了自己的規則，在歐洲，尤其是英國得到了較好的開展。

現代網球的奠基人

2）現代網球

現代網球起源於英國。1873年，會打古式網球的英國少校溫菲爾德，在羽毛球運動的啟示下，設計了一種適用於戶外的、男女都可以從事的網球運動，當時叫做司法泰克運動。

1875年，隨著這項運動在8字形球場上風靡起來，全英槌球俱樂部在槌球場邊另設了一片草地網球場，緊接著，古式網球的權威組織者瑪麗·博恩板球俱樂部為這項運動制定了一系列規則。從此，草地網球正式取代了司法泰克運動。

1877年，在英國倫敦郊外溫布頓設置了幾片草地網球總會，草地網球在英國得到了進一步的開展。同年7月，舉辦了首屆草地網球錦標賽，即溫布頓第一屆比賽。亨利·鐘斯同另外兩個人為這次比賽制定了全新的規則，他本人擔任了比賽的裁判。當時的球場為長方形的，長23.77公尺，寬8.23公尺，至今未變。發球線離網7.92公尺，網中央高度為0.99公尺。發球員發球時，可一腳站在端線前，另一腳站在端線後，發球失誤一次而不判失分。採用古式室內網球的0、15、30、45每局計分法，1884年網高改為0.914公尺。從此網球運動衝出宮廷，走向了社會。可以說，亨利·鐘斯是現代網球的奠基人。

緊隨英國之後開展網球運動的國家是美國。1881年，

世界上第一個全國性網球協會成立，是美國全國草地網球協會。該協會當年8月31日至9月3日，在羅德島紐波特港舉行第一屆美國草地網球的男子單打和男子雙打錦標賽，採用了溫布頓的比賽規則。參加比賽的有 26 人。單打冠軍是理查茲・西爾斯（他連得7年冠軍）；雙打冠軍是克拉克與泰勒。

早期英國女士兵網球著裝

233

1887 年開始興起舉行美國草地網球女子單打錦標賽；1890 年舉行女子雙打錦標賽；1892 年舉行混合雙打錦標賽。

因當時美國總統希歐多爾・羅斯福愛上了網球運動，他不僅積極支持修建網球場，舉行網球比賽，而且還經常邀請陪同他騎馬散步的朋友們在白宮球場上打網球，所以人們稱他為「網球內閣」。因此，美國的網球運動得到了空前的發展。在兩次世界大戰中，全世界的網球都停賽了，惟獨美國沒有停下來。相反，美國的網球運動還出現了令人驚異的高峰、極盛時期，竟有 4000 萬人參加網球運動，所以直到今天，美國的網球運動始終處於世界領先地位，優秀的網球明星層出不窮。在 1994 年 11 月 3 日前公佈的世界男、女前 10 名排名中，男選手有 4 名，女選手有 2 名，足可證明美國的網球運動是世界一流的。

早期木質球拍和球網

1878年以來，草地網球已由英國的移民、商人或駐軍等傳至全球，如加拿大（1878年）、斯里蘭卡（1878年）、捷克斯洛伐克（1879年）、瑞典（1879年）、印度和日本（1880年）、澳洲（1880年）、南非（1881年）。

234

當時，愛好網球的人士絕大多數是富裕的資產階級。他們有條件在自家的草坪上隨時設置網球場，作為他們社交活動的場所。在19世紀90年代中期，網球進入了初步發展的階段，許多國家和地區組織了網球協會，並定期舉行比賽。

3）網球運動傳入中國

1885年前後，網球運動傳入中國。先是上海、廣州等大城市的外國傳教士和商人之間出現網球活動，後來一些教會學校也開展起這項運動。1898年，上海聖·約翰書院舉行斯坦豪斯杯賽，這是中國網球史上最早的校內比賽。1906年，北京彙文學校、協和書院、清華學校之間，上海聖·約翰大學、南洋公學、滬江大學以及南京、廣州、香港的一些學校開始舉行校際網球賽，促進了網球運動在中國的傳播。

1910年，舊中國舉行第一屆全運會，網球列為正式比

賽項目,只有男子參加。後來歷屆全運會均設立網球項目。但單項因屆而異。1924 年第三屆全運會允許女子參加,但無人報名。1930 年第四屆全運會女子首次登上網球賽場。

4)網球運動快速發展

1913 年 3 月 1 日在法國的巴黎成立了世界網球的最高組織──國際網球聯合會。它的成立為網球的進一步發展開闢了一條更加廣闊的道路。

20 世紀 70 年代以後,網球又得到了進一步的發展。網球運動發展較快的主要原因有如下幾點:

第一是允許職業選手參加溫布頓等錦標賽,開創了職業網球巡迴賽的先河,取消了職業選手和業餘選手的界限,增加了大賽的激烈程度和熱烈爭奪的氣氛,從而促進了運動員技術水準的提高,吸引了廣大網球愛好者從事該項運動的熱情和觀看、評論網球比賽的積極性。

第二是科技在球拍等器材製造中的應用,促進了先進器材的生產技術水準的提高,造就了一批年輕的優秀選

早期草地網球賽場

手，從而促進了網球運動向前發展。

進入 20 世紀 90 年代，網球的發展有這樣幾個特點：一是普及，據有關資料顯示，1990 年初，在國際網聯註冊的國家就有 200 多個；二是水準高，爭奪激烈；三是隨著器材的改革，尤其是球拍的研製，網球將向著力量、速度型方向發展；四是隨著網球各種大賽獎金的不斷提高，網球的職業化、商業化程度會越來越高。

總之，作為世界第二大運動的網球運動將以其無比的魅力和不斷發展的技術贏得越來越多的愛好者和觀眾加入到網球運動中來。

8.3　中國高規格網球賽

1）上海網球公開賽

中國上海網球公開賽自1998年開始舉辦，已連續舉辦了7屆。之所以都能成功舉辦，首先是上海市欲以網球為突破口致力於躋身亞洲一流體育中心的行列，其次是上海具有舉辦國際網球賽和善於推廣的經驗，此外，網球運動在上海市民中擁有雄厚的群眾基礎。

2）上海大師杯賽

大師杯的前身是ATP錦標賽，由國際網聯和大滿貫委員會聯合主辦，是ATP巡迴賽的總決賽，只有當年排名世

界前八的球手才獲得參賽資格。首屆比賽1970年在東京舉行，獲得首屆冠軍的是美國人斯坦・史密斯。

後來比賽每年一次，先後在巴黎、巴賽隆納、波士頓、墨爾本、斯德哥爾摩和休士頓舉行。從1977年起，比賽定點在美國紐約舉辦。1990年，比賽易地到德國舉行；1991～1995年在法蘭克福；1996～1999年在漢諾威。獲勝最多的球手是美籍捷克球手倫德爾和山普拉斯，均為5次。

從2003年起，比賽改名為「ATP大師杯」，比賽在葡萄牙里斯本舉行，以後將在全球各地舉辦。2005年將在中國上海舉行。

8.4　世界著名網球賽事

1）四大網球公開賽

每年一屆，共名「大滿貫」網球錦標賽，任何一名網球選手均視獲得這四大網球比賽的桂冠為最高榮譽。

2）團體賽

「台維斯」杯男子團體賽、「聯合會」杯女子團體賽、「霍普曼」杯世界混合團體賽，這些團體賽每年舉行一次。

3）大師系列賽

也稱為超九賽事。包括「巴黎公開賽」「漢堡公開賽」「羅馬公開賽」「多倫多公開賽」「辛辛納提公開賽」「斯圖加特公開賽」「蒙特卡洛公開賽」「印第安那維爾斯網球錦標賽」「愛立信公開賽」。這些大師系列賽也是每年舉行一次。

4）賽事等級

全年賽事分為三個級別：四大滿貫公開賽以及年終的網球大師杯賽均屬於最高級別；九站大師系列賽屬於次一級別；上海喜力網球公開賽、香港網球公開賽等這些賽事則被稱為國際系列巡迴賽，屬於第三級別。

國際系列賽每週都在世界各地舉行，甚至有些賽事是同時開戰。以2002年為例，國際系列站就多達55站。

5）「奧運會」網球賽

4年舉行一次。

四大網球公開賽起始年代與比賽時間、地點、場地一覽表

四大網球公開賽	地　　點	比賽月份	起始時間		場　　地
			男	女	
英國	倫敦溫布頓	6～7月	1877年	1884年	草地
美國	紐約林山	8～9月	1881年	1887年	人工塑膠場
法國	巴黎奧太伊	5～6月	1891年	1897年	紅土場
澳洲	墨爾本	1～2月	1905年	1922年	人工塑膠場

8.4.1　溫布頓網球錦標賽

溫布頓網球錦標賽也稱「全英草地網球錦標賽」，由全英俱樂部和英國草地網球協會於 1877 年 7 月創辦。

首次正式比賽在該俱樂部位於倫敦西南角的溫布頓總部進行，名為「全英草地網球錦標賽」。是現代網球史上最早舉辦的比賽。每年 6 月底至 7 月初舉行比賽。這項網球賽初創時只有男子單打一個項目，冠軍獎盃叫「挑戰杯」。1879 年增設男子雙打，1884 年開始有女子單打，以後又增加了女子雙打，到 1913 年又最後增設了男女混合雙打。

溫布頓網球錦標賽初始只限英國人參加，1901 年起允許英聯邦各國派代表參加比賽，當時只限於英國自治領地的小國參加。從1905年開始擴大為國際性的球賽，正式開放，美、法等國選手才跨海而來參加比賽。

到 2004 年為止，溫布頓網球錦標賽已舉辦了118 屆，其中由於兩次世界大戰停賽 10 次，若從1877 年開賽算起，至今已有百餘年的歷史了。

1922 年進行了兩項改革，一是廢除了「挑戰賽」，從這一年起要取得冠軍，男子必須從第一輪打起，連勝 7 場比賽，女子必須連勝 6 場比賽。1968 年國際網聯同意職業選手參加該項比賽，同時組織者還募集巨額獎金，吸引世界一流好手參加，故競技水準逐年提高。凡奪得各個單項比賽第一名的，立即會成為世界知名人物。

二是修建可容納萬人觀眾的中央球場，溫布頓是英國

的一個城市，全市擁有18個草地、9個硬地和2個室內網球場，其中最大的中央球場可容納15000名觀眾，是世界最漂亮的草地網球場。在這裏，每年有300多名選手角逐5個項目的冠軍。隨著商業化進程，溫布頓網球賽所設的獎金也在逐年增高。1984年男子單打冠軍獎金為10萬英鎊，女子單打冠軍為9萬英鎊。1985年男單冠軍為13萬英鎊。1987年男單冠軍獎金為15.5萬英鎊。1991年男單冠軍獲24萬英鎊，女單冠軍獲21.6萬英鎊，連第1輪遭淘汰選手也可獲得一筆獎金，男子3600英鎊，女子2790英鎊。高額獎金使溫布頓網球錦標賽具有極強的吸引力，使這項錦標賽活動百年不衰。

　　網球最開始是白色的，直到1972年才開始製造出黃色球。在四大賽事中，溫布頓錦標賽是最後一個採用黃色球的。

8.4.2　法國網球公開賽

　　法國網球公開賽始創於 1891 年，比溫布頓網球錦標賽晚 14 年，通常在每年的 5～6 月舉行。是繼澳洲公開賽之後，第二個進行的大滿貫賽事。法國網球公開賽開始只限於本國人參加，1925 年以後對外開放，成為公開賽。法國網球公開賽的場地設在巴黎西部的羅蘭‧卡洛斯的大型體育場內。這座體育場建於 1927 年，以在一次大戰中為國捐軀的空中英雄羅蘭‧卡羅斯的名字命名。同時也是法國網球黃金時期的象徵。因為它是直接為慶祝被稱為「四騎士」的四名法國人首次捧回台維斯杯，準備翌年的衛冕戰而特意修建的。它的建築古典優雅，別具一格，在一叢叢栗樹枝葉掩映下，令人心曠神怡，有利於底線對抗。獲得這個公開賽桂冠的選手也與溫布頓賽冠軍一樣名震世界，享有盛名。

　　羅蘭‧卡洛斯球場是當今「大滿貫」中惟一的在紅土球場上進行的比賽。屬慢速紅土球場，多利於底線型打法的運動員，比賽時間最長，法國網球公開賽有「塹壕戰」之稱。目前，世界上進攻型打法的選手大多沒有在該賽事奪冠。每場比賽採用 5 盤 3 勝淘汰制，所以一場比賽打上 4 個小時是習以為常的。因此在這樣的球場要獲取優勝是不易的，球員要有超人的技術和驚人的毅力才行。

　　法國網球公開賽開賽已經超過 100 年了，在過去的百年中，除了兩次世界大戰被迫停賽 11 年外，其餘 90 多年

均是每年舉行一屆。獲得男子單打冠軍頭銜的選手是瑞典選手柏格，他在 1974 年到 1981 年的 8 年中 6 次奪冠。1989年的法國網球公開賽，17 歲的美籍華裔選手張德培爆出了20 世紀 80 年代最大的冷門。他先後挫敗了倫德爾‧埃德柏格，成為這個公開賽最年輕的單打冠軍，也是第一位亞洲血統的選手獲此殊榮。女子單打埃弗特、納芙娜蒂諾娃、葛拉芙等當代明星都奪得過獎盃。而埃弗特在 1974 年至 1986 年的 12 年間曾 7 次奪標，創造了這個公開賽的紀錄。

2000年法國公開賽的總獎金額達73317150法郎（折合9600000美元），比2001年增加了5.39%。女子獎金額增加了6.57%，男子獎金額增加了3.90%，男、女選手之間的獎金差額進一步縮小了。2004年在羅蘭‧卡洛斯球場，阿根廷選手高迪奧最終奪走法國網球公開賽冠軍。

8.4.3 澳洲網球公開賽

澳洲網球公開賽始創於1905年，是四大公開賽中最遲

創建的賽事，卻是一年中四大公開賽最先開始的賽事，賽事安排在1～2月份。賽場在澳洲的第二大城市墨爾本市網球中心。男子始於1905年，女子始於1922年，剛開始是使用草地網球場。1968年，國際網球職業化後它被列為四大公開賽之一，其身價才有所提高。

　　1988年改為硬地網球場。由於是硬地網球場，所以打法全面的選手可以占到一定的優勢。它不僅有利於底線抽擊，也適合發球上網，既適合打上旋球、下旋球，也適合吊高球和放短球。

　　從1905年創建至今，已有近百年的歷史，共舉辦過66屆比賽。在創辦後的相當長的一段時間裏，由於賽地遠離歐美大陸，又是在年初，時值當地盛夏，氣候酷熱而使比賽場地溫度高達60攝氏度。酷熱氣候使球員體力消耗大，發揮不穩定，加上獎金額又不高，很多歐美選手不願前來參加比賽。以至於公開賽的冠軍均為本地人獲得。

從二次大戰後的1946年起，到1978年，男、女單打冠軍多為澳洲選手獲得。進入20世紀80年代後，澳洲官方加大宣傳力度，提高服務質量，提高獎金額，吸引大牌球星來參加。這樣，在隨後的幾年裏，卻沒有一位本地選手有幸獲此殊榮。

澳網的多功能體育場耗資6500萬澳元，建造科學，場地設施先進、一流，有 1 萬個座位，安裝有可收縮頂棚，加上同樣裝有可收縮頂棚的中心球場，使得墨爾本公園網球中心成為世界上惟一的擁有兩個可收縮頂棚的看球場所，這樣，基本上可以保障在老天不作美的情況下繼續比賽。

2003年的澳網大賽的總獎金高達 637 萬美元。男、女單打冠軍的獎金達到約 65 萬美元，男、女雙打各 24 萬美元。

8.4.4 美國網球公開賽

美國網球公開賽，其歷史僅次於溫布頓網球錦標賽，它始創於1881年，開始名為「全美網球冠軍賽」，那只是由業餘選手參賽的一項錦標賽。經過組委會不懈的努力，美網才從業餘賽事發展到現在世界上獎金最豐厚的大滿貫賽事。美國公開賽的首屆比賽是於1881年在羅德島新港舉行，當時只是國內賽事，而且只有男子單打。以後每年一屆。女子比賽始於1887年。1915年移至紐約林山國立網球中心進行比賽，每年的8月底至9月初，每年一屆，在美國紐約林山國立網球中心紐約舉行比賽。1968年被列為四大公開賽之一，設有5個單項的比賽，是每年四大公開賽中最後舉行的大賽。現在每年的夏天

在美國國家網球中心進行的美國網球公開賽都能吸引超過50萬的球迷到現場觀看。

美國是一個高度商業化社會，因此，它的職業網球商業化程度絕不亞於職業拳擊。美國網球公開賽在「四大網球賽」中，以獎金最多而聞名，獎金總額高達600多萬美元。據世界網球雜誌統計，1989年美國網球公開賽涉及的金錢往來總額達1億美元。在球員獎金方面，男、女單打冠軍均能得到35萬美元的獎勵。由於美國網球賽的地位和高額獎金，以及中速硬地場地，吸引眾多好手參加。美國公開賽的影響雖比不上溫布頓，卻高於澳洲甚至法國公開賽。

8.4.5　奧運會網球賽

國際網聯和男、女兩大職業協會決定從2004年起，奧運會網球賽也計算世界排名積分。這一決定受到了正在參加法網公開賽的球員和教練的熱烈歡迎。

運動員現在比賽很多,如四大大滿貫賽、WTA巡迴賽和聯合會杯賽,再抽出兩周時間參加不計算積分的奧運會網球比賽,積極性並不是很高。這一新決定將大大增強奧運會對網球選手的吸引力。

代表義大利參加過兩屆奧運會的義大利女將里塔‧格蘭德對記者說:「過去高水準選手只忙著爭奪世界第一的排名,並不是特別看重奧運會。以後奧運會比賽將有排名分便會很有意義。」但她同時還指出:「如果奧運會比賽要計算排名分,那麼必須在奧運會期間同時舉辦其他巡迴賽,這樣使未能獲得奧運會參賽資格的選手同樣有其他比賽可掙分。」

國際奧會主席羅格在皇家包廂內觀看了2003年溫網男單決賽時說,溫布頓如果能成為奧運會場地將給奧運會網球比賽增加一些聲望,這也意味著奧運會網球比賽可能在草地賽場上進行。

據弗萊介紹,WTA已準備在奧運會舉行期間新設立一項中型賽事,以保證所有選手在同一時期都有機會獲取排名分,以體現公平。奧運會,四年一次的盛會,是多少運動員一生的追求和夢想。

8.4.6 台維斯杯團體賽

台維斯杯網球賽是每年一度的世界男子網球團體賽,也是世界網壇層次最高、影響最大的國際性團體賽,由國際網球聯合會主辦,是除奧林匹克網球比賽外歷史最長的網球比賽。因係美國人台維斯倡議

舉辦,並捐贈銀質獎盃授予冠軍隊,故名「台維斯杯網球錦標賽」。

第一屆於1900年在美國波士頓舉辦,僅美國和英國的選手參加,台維斯本人是美國隊的隊長又兼運動員,並在當年的比賽中帶領美國隊以3:0戰勝英國隊捧走獎盃。由於參加國家的增多,1923年起分為美洲區和歐洲區,兩個區先進行分區預賽,然後再決賽。1981年開始採取分為兩級的升降級比賽的辦法。1952年由於參賽隊的增加,除原美洲區和歐洲區外,又增加了一個東方區,分3個區先進行預賽,然後產生次冠軍隊,再向上屆冠軍隊挑戰。1966年歐洲參賽隊劇增,又從3個區分成4個區,即美洲區、東方區、歐洲A區、歐洲B區(非洲國家參加歐洲B區)。

247

1970年成立了一個委員會研究討論競賽規則的改革,較多國家認為衛冕國家以逸待勞,迎戰疲憊不堪的挑戰隊,未免太有失公允,所以自1971年通過了一項決議取消了「挑戰賽」制度,從1972年起冠軍隊也毫無例外地必須從第一輪開始比賽,至於決賽地點的選擇,由抽籤決定。這項變革從此再也不會出現像美國和澳洲那樣,年復一年地壟斷這桂冠的局面。

隨著比賽的發展,原有的制度不再適合新的形勢,所以台維斯杯比賽的規則也隨之而改變。分別在1980年7月和1988年兩次對規則做了比較大的修改,把原來的東方區改為亞太區,又分為亞太1組和亞太2組,水準高的在1組。1組的上、下半區各出線一個隊。把原歐洲A區、歐洲B區,改為歐非區1組,其中仍分為A區和B區,每區的前兩名出線參加世界組的資格賽。又增設了非洲區2組和歐洲

區 2 組。所有區的 2 組水準都是該區較低的。這樣，亞太區 1 組、美洲區 1 組、歐非區 1 組的 A 區和 B 區，各出線 2 個隊，共 8 個隊，進入世界組的預選賽，同當年世界組 16 個隊中第一輪被淘汰的 8 個隊抽籤對陣，捉對廝殺，勝者升到第二年世界組，成為 16 強爭奪台維斯杯，負者回到各區的 1 組，第 2 年再戰。

　　台維斯杯比賽採用 4 單 1 雙，5 場 3 勝制。無論哪一級的團體賽，比賽時間都是三天。第一天兩場單打，第二天一場雙打，第三天又是兩場單打。第一和第二天為 5 盤 3 勝制，第三天為 3 盤 2 勝制。獲得台維斯杯次數最多的國家有美國、澳洲、英國和法國等。

8.4.7　聯合會杯團體賽

　　聯合會杯網球賽是每年一度的世界女子網球團體賽，它是 1963 年為慶祝國際網聯成立 50 周年創辦的。聯合會杯網球賽是和台維斯杯賽齊名的團體賽事，是各國網球整體實力的大檢閱。第一屆聯合會杯比賽是在倫敦的女子俱樂部進行的，共有 16 支代表隊參加。聯合會杯賽每年進行一次，至 2000 年已進行了 38 屆。隨著女子網球運動的不斷普及，參加聯合會杯賽的國家也慢慢地增加起來。

　　聯合會杯網球賽仿效台維斯杯賽的比賽辦法，實行

「聯合會杯新賽制」，由上年聯合會杯賽四分之一決賽的 8 個隊組成世界組，其餘 8 個隊成為 A 組。這兩組的比賽採用一次主場和一次客場的比賽方法。在世界組中，第一

輪獲勝的 4 個隊進行半決賽，第一輪失敗的 4 個隊與 A 組中獲勝的 4 個隊進行比賽，比賽中獲勝的隊進入下一年年底的世界組。A 組中第一輪失敗的隊同各區中獲勝的隊進行比賽，然後由 4 支獲勝的隊進入下年度 A 組比賽。4 支失敗的隊則參加下年度的區級比賽。世界組和 A 組的比賽採用 5 場 3 勝制，第一天進行兩場單打，第二天進行兩場單打和一場雙打。雙打比賽在最後進行。

8.5　國際網球組織與中國網球協會

8.5.1　國際網球組織

1）國際網球聯合會（ITF）

國際網球聯合會成立於1912年。總部根據領導委員會的決議可設在任何一個城市。現總部設在英國倫敦。正式用語為英語和法語。（www.ITFtennis.com）

2）國際男子職業聯合會（ATP）

國際職業網球聯合會，也稱職業網球球員協會。國際職業網聯（ATP）是世界男子職業網球選手的「自治」組織機構。1972年成立於美國公開賽之時，其主要任務是協調職業運動員和賽事之間的夥伴關係，並

負責組織和管理職業選手的積分、排名、獎金分配，以及制定比賽規則和給予或取消選手的參賽資格等項工作。（www.ATPtennis.com）

3）國際女子職業聯合會（WTA）

它成立於1973年，球員總部設在佛羅里達的聖彼得斯堡，其主要辦公機構目前在康涅狄州。WTA由一個主席和一個董事會來管理，其主要職責是負責所有球員日常和賽事的問題，每年負責整個巡迴賽的安排和公佈當年年終世界積分排名、獎金分配，以及制定比賽規則和給予或取消選手的參賽資格等項工作。（www.WTAtour.com）

8.5.2 中華民國網球協會

民國五十九年七月八日國際網總會員大會經過表決，以 172 票對 53 票通過我國申請入會案，會名為「中華民國網球協會」R. O. C. T. A（Republic of China Tennis Association）。而得以參加第一次台維杯（民國 61 年 2 月 28 日）由唐福順、林吉元、李穗昌、林金銅代表參加對抗越南；以及（民國 61 年 3 月20 日）由張晴玲、詹秀棉、劉玉蘭代表參加於南非舉行的第十屆聯邦杯。

民國70年中視公司總經理梅長齡先生接任第三屆理事長，總幹事為王世正先生，而同年7月8日的國際網球總會年會中，通過比照奧會

250

模式我國會名改為「中華台北網球協會」C. T. T. A（Chinese Taipei Tennis Association）。

歷任理事長

王先登先生　第一、二屆　民國62年3月至70年

梅長齡先生　第三屆　　民國70年6月至72年2月逝世

鍾湖濱先生　第三、四屆　民國71年3月至78年

章民強先生　第五屆　　民國78年9月至82年

孫道存先生　第六屆　　民國82年11月至84年12月

楊斌彥先生　第六屆　　民國84年12月至86年9月

謝富藏先生　第一屆　　民國87年9月17日

葉政彥先生　第二屆　　民國91年9月8日至今

251

8.5.3　中國網球協會

中國網球協會成立於 1953 年，會址和辦公總部設在首都北京。1980 年被國際網球聯合會接納為正式會員。

中國網球協會是中華全國體育總會的團體會員，是中國奧林匹克委員會承認的全國性運動協會，是代表中國參加國際網球聯合會（ITF）、亞洲網球聯合會（ATF）和其他國際網球體育組織的惟一合法組織。

中國網球協會的宗旨是：團結全國網球工作者、運動員、教練員和網球活動積極分子以及關心支持網球運動發展的海內外人士、社會各界人士，推進《全民健身計畫綱要》和《奧運爭光計畫綱要》的實施；促進社會主義物質文明建設和精神文明建設；促進中國網協與各會員單位之間

的聯繫與交流；增進中國網協與世界各個國家和地區網球協會、網球工作者、運動員、教練員之間友誼和合作；加強中國網協與有關國際體育組織的聯繫與合作。

中國網球協會的職責是：

（一）全面負責本項目業務工作管理；研究制定本項目發展規劃、方針、政策及全年工作計畫。

（二）宣傳、推廣、普及網球運動；選拔培養優秀人才，攀登世界網球運動技術高峰。

（三）負責各類競賽工作的組織管理。

（四）對運動員、教練員、裁判員進行註冊管理、業務培訓、等級普及和資格審查的實施。

（五）選拔組建國家網球隊及後備人才梯隊，負責管理。

（六）管理和實施本項目國際交往、聯絡工作。

（七）管理與指導、監督註冊運動員和註冊網球俱樂部工作。

（八）管理和組織本項目各個領域的科學技術研究、攻關和科研服務及成果推廣等工作。

（九）研究和監製與本項目有關的器材和設備。

（十）管理與實施本項目的經營開發，培育和開拓市場，籌集和建立本專案發展基金。（www.tennis.org.cn）

8.6　中國網球大事記

時　間	內　　容
1860年	英法聯軍在天津紫竹林修建練兵場，同時就有了網球場。
19世紀末20世紀初	以上海聖‧約翰大學為首的14所教會學校率先在中國舉辦網球活動。
1953年	在天津舉辦的全國四項球類運動會上，網球成為正式比賽項目。
1955年	中國派遣代表隊參加了當年的溫布頓錦標賽。
1971年	「文化大革命」尚未結束，一些地方體工隊開始偷偷摸摸地重建網球隊。
20世紀90年代中後期	中國開始有計劃地輸送成績優秀的女子單打球員到國外參賽。
2003年	優秀的中國球員正式註冊為職業球員，開始巡迴賽生涯。
2004年	孫勝男奪得澳洲網球公開賽青年組女雙冠軍，成為中國歷史上第一位大滿貫冠軍。 李婷、孫甜甜奪得奧運會網球女雙冠軍。中國姑娘讓《義勇軍進行曲》響徹奧運會網球賽場，也是中國網球在奧運會上獲得的第一塊金牌。
2005年	彭帥在阿庫拉精英賽中闖入四強，成為第一個進入WTA一級賽單打四強的選手。
2006年	鄭潔、晏紫在澳網女雙比賽中奪得女雙冠軍，創造了中國選手在四大滿貫賽中的最佳戰績。

附：網球資訊網址

254

法國網球公開賽
ttp://www.frenchopen.org

美國網球公開賽
http://www.usopen.org

澳洲網球公開賽
http://www.ausopen.org

溫布頓網球公開賽
http://www.wimbledon.org

美國尼克網球學校
http://www.imgacademies.com

網球世界
http://www.tennisworld.com.cn

中國網球協會網
http://www.tennis.org.cn

中國網球學校
http://www.cntennis.com

中國體育線上
http://www.sportsol.com.cn

中華民國網球協會
http://www.tennis.org.tw

中華民國軟式網球協會
http://www.softtennis.org.tw/index.asp

參考文獻

1 網球.1～12期.長沙：湖南省報刊出版服務中心，2003

2 網球天地.1～12期.中國體育報業總社，2003

3 國際網球聯合會.ITF校園網球教材.北京：光明日報出版社，2000

4 中國網球協會.CTA短式網球教材.北京：光明日報出版社，2000

5 保羅‧道格拉斯著.48小時網球快易通.長春：吉林攝影出版社，2000

6 丸山薰，修翠華著.網球技巧圖解.北京：北京體育大學出版社，1999

7 馬達弟，曾精雄編著.網球基本技戰術.廣州：廣東人民出版社，1999

8 特里西.福克納，衛維恩.勒梅曼著.網球.瀋陽：遼寧教育出版社，2000

9 陶志翔等編著.網球裁判必讀.北京：北京體育大學出版社，1998

10 汪俊著.網球全程點撥.北京：人民體育出版社，2001

11 湯姆‧塞德澤克著.南京：江蘇科學技術出版社，2003

12 王越著.網球：〔中國中央電視臺體育教學系列片〕.北京：北京科影音像出版社

國家圖書館出版品預行編目資料

網球入門/王捷　編著
──初版，──臺北市，大展，2010〔民99.12〕
面；21公分 ──（運動精進叢書；24）
ISBN　978-957-468-783-1（平裝）

1.網球
528.953　　　　　　　　　　　　　　99019749

網 球 入 門

編　　著/王　　捷
責任編輯/翟 巧 燕
發 行 人/蔡 森 明
出 版 者/大展出版社有限公司
社　　址/台北市北投區（石牌）致遠一路2段12巷1號
電　　話/（02）28236031 · 28236033 · 28233123
傳　　眞/（02）28272069
郵政劃撥/01669551
網　　址/www.dah-jaan.com.tw
E - mail／service@dah-jaan.com.tw
登 記 證/局版臺業字第2171號
承 印 者/傳興印刷有限公司
裝　　訂/建鑫裝訂有限公司
排 版 者/弘益電腦排版有限公司
授 權 者/安徽科學技術出版社
初版1刷/2010年（民99年）12月

定　價/250元

大展好書　好書大展
品嘗好書　冠群可期